コトバ－音と文字の間

戸村 幸一

創英社／三省堂書店

はじめに

　数人の人がいて，最初の人が何かある文を作って，隣にいる人にだけそれを耳打ちして伝え，それを次の人へまたそっと伝達し，というふうにして，最後の人にその文がたどり着いた時に初めの文の姿がどれだけ保たれているか，そんなことを楽しむゲームがある。また，これは，二つのチームに分かれて，その正確度を競うこともある。

　ところで，こんな遊びをかつてある女子大の学生たちが試みた時，そこに居合わせたフランス人が妙なことに気づいたという。隣の人のささやく文を細大漏らさず注意して聞いている学生の，その人差し指の先がしきりに動いているのに気づいたのだった。いったいそれにはどんな意味があるのか，とフランス人は学生たちに尋ねた。耳に聞こえてくる音に該当する文字を空間に書いている，というのが彼女らの答えだった。一種のそら書きをしているのだ。聞き手は，音声を文字化することによって，その伝達内容を確実に自分のものとしようとしていたのだった。これは，つねに漢字を使っているわれわれにはかなり分かりやすいことではないか？

　電話で自分の住所や名前をしらせる時には，先方に具体的にその漢字を一字ずつ教える必要もある。近ごろは，伝える側が言う音を受ける側が聞くだけで，そのまま仮名書きにしてしまうケースも増えている。もし日本語の表記を仮名のみに頼るとしたら，住所氏名を一字ずつ教える必要はなくなるだろうし，上のような遊戯の場で，指先を動かす度合いも激減するのではないか？

　日常の言語生活では，音声によるコミュニケーションの方が，文字による場合よりも量的にはるかに多いことは分かっているはずなのに，日本語に関しては日本人は一旦文字を介して考える場合が多いようだ。いわゆる同音語が多いから，その綴りを介して理解しようとする面もあるのだろうが。

● はじめに

　本書では，漢字を使っているわれわれが，その漢字にどんなに拘束されているかの例証をいくつか上げている。また，日本人がどんなふうに日本語を認識しているかを知ろうとして，学生たちにいろいろなアンケートに協力してもらった。その結果についての報告でもある。

　さて，いつの時代でも，若者の心は新しい表現を求めて，既存の言語に改変を迫る。また，日々創出される有形無形のものやことは，当然，それぞれの言語に新しい語を誕生させて世に広まる。情報革命の時代，機械の側からの要請で，いろいろな言語で文章の表記にいろいろな変更が起こる。以上のようなことにも目くばりしながら，表現の方法や表記法・正書法の問題などを中心に話題は展開する。

　本書は，1998年から99年にかけて『千葉商大紀要』に掲載した3編の研究論文，発表順に①「語・文と《音・綴・義》」②「言語表記に関する若干の考察」③「語形成に関する若干の考察」をもとにしてはいるが，その倍以上の書き加えによって出来上がった。その際，構想を新たにしたところもあるし，読みやすいようにより一層平明に書きなおしたところもある。

　第1・2章のもとになっているのが，上記③「語形成に関する若干の考察」である。第3・4章のもとになった論考①「語・文と《音・綴・義》」は，日本学術振興会編の『学術用語集　言語学編』の刊行以前に書かれたものだった。本書では，この『学術用語集　言語学編』にも言及することによって，音・綴・義に関する私の着眼点の正しかったことが確認されることになった，と思う。第5・6章は②「言語表記に関する若干の考察」をもとにしている。

著　者

目　次

はじめに　**3**

第1章　表現法と語感 **9**

1. 接尾辞・接頭辞 ── 古っぽい／古くさい　9
2. 反復表現 ── ワッシャワッシャと銭の音　14
    - 2－1. 名詞の反復　14
    - 2－2. 代名詞の反復　15
    - 2－3. 動詞の反復　16
    - 2－4. 副詞の反復構成　17
    - 2－5. 同系語の反復　17
    - 2－6. オノマトペの反復構成　18
    - 2－7. 幼児語の反復構成　22
3. 反復表現による効果 ── セビーリア，すごーいや！　23
    - 3－1. 語句などの反復　23
    - 3－2. 頭韻法・脚韻法　24
    - 3－3. 同語反復・冗語法・余剰表現　26
4. 新語創出の造語法 ── 携帯とケータイ　28

第2章　複合語 **31**

1. 日本語の複合名詞の探索 ── 母語感覚を探る　31
2. 誤った考え方とそこからの脱出法 ── 牛の乳は牛乳ではない　32
    - 2－1. 文字による拘束　32
    - 2－2. 語の認定に関わる諸問題　34
    - 2－3. 解決への近道　36

● 目　次

　　3. 適例の提示 ── 左馬や根開きなど　37
　　4. 母語話者の感覚 ── 取り過ぎと取られ過ぎ　44

第3章　語と音・綴・義 47

　　1. HOMOPHONE は同音異義語か同音異綴語か？ ── コウモリの話　47
　　2. 同形とは ── 音＝≠文字？　51
　　3. 音・綴・義の組合わせから分かること ── 生そばはナマソバか？　53
　　　　3－1. 同音同綴異義語(ABc)　56
　　　　3－2. 同音異綴異義語(Abc)　60
　　　　3－3. 異音同綴異義語(aBc)　63
　　　　3－4. 同音異綴同義語(AbC)　64
　　　　3－5. 異音同綴同義語(aBC)　65
　　4. 音・綴・義の新たな展開 ── 曖昧語法に出会う　67

第4章　多義文と曖昧文 69

　　1. 同音同綴異義文(ABc)と曖昧文 ── 花嫁のつぶやき　69
　　2. 同音同綴異義文(ABc)の分析（その1）── ボクハウナギダ　71
　　3. 同音同綴異義文(ABc)の分析（その2）── 自画像の自己所有　76
　　4. 同音同綴異義文(ABc)から多義構文へ ── この案はトル　81
　　5. 多義構文から曖昧文へ ── ラ抜きの誕生　86
　　6. 曖昧文から破格構文へ ── 一葉の生涯は何年？　88

第5章　表記法について 93

　　1. 外国における最近の綴字改革の動き ── 情報機器との関係で　93
　　　　1－1. スペイン語の場合　93
　　　　1－2. ドイツ語の場合　95

　　　　1－3．フランス語の場合　95
　2．日本語表記法の多様性 —— 永遠の課題　96
　　　　2－1．日本語表記法に対する二つの考え方　97
　　　　2－2．日本語の同音異綴異義語(Abc)の例　50のセイコウ　100
　3．漢字仮名交じり文と漢字制限 —— 表記法は無限　101
　4．日本語の表記法に関するアンケート —— 問いはやさし答えは至難　106
　　　　4－1．第1の設問　分かち書きをしない表記とその理由　107
　　　　4－2．第2の設問　句読法の有無とその理由　109
　　　　4－3．第3の設問　正書法の有無とその理由　110
　5．アンケートのまとめと発展 —— 答えきれない答え　113
　　　　5－1．日本語が分かち書きをしないで表記される理由　113
　　　　5－2．日本語の句読法が確立されていない理由　114
　　　　5－3．日本語の正書法が確立されていない理由　115
　6．外国語表記とカタカナ —— 悪貨は良貨を駆逐する？　117
　7．カタカナの表記 —— タヤアキはスポーシが好き　122

第6章　句読法について　……………………………………　128

　1．手書きと印刷 —— マス目のない原稿用紙　128
　2．くぎり符号 —— なくてもいいけど　128
　3．日本語の句読法の例 —— 使う効果使わない効果　130
　　　　3－1．夏目漱石の文章　130
　　　　3－2．樋口一葉の文章　130
　　　　3－3．柳田国男の文章　131
　　　　3－4．谷崎潤一郎の文章　132
　　　　3－5．芥川龍之介の文章　133
　　　　3－6．宮沢賢治の文章　133
　　　　3－7．川端康成の文章　134
　　　　3－8．中里恒子の文章　135

3－9. 車谷長吉の文章　136
　　　3－10. 句読法と語順　138
　4. 句読法の活用 ── 憤慨符もある　139
　　　4－1. 句読点を使わない文章　140
　　　4－2. 疑問符と感嘆符と憤慨符　142

おわりに　**145**

引用参考文献　**146**
索引　**149**

第1章　表現法と語感

1. 接尾辞・接頭辞 —— 古っぽい／古くさい

　日本語を学習している，ある外国人が「古っぽい」という語形を使った。日本語を母語とする者なら，少なくとも日本語を母語(mother tongue, native language)とする私なら「古くさい」という語を用いるはずだ。彼は母語スウェーデン語に関して日本語で次のように書いた。英語の little boy に相当するスウェーデン語の表現には lille pojk と lille pojke があるのだが，「"pojk" の方が "pojke" より古っぽい呼びかたであるし，呼掛にしか使えない。」と書いた。

　この北欧の青年Ｓ君は，12歳の時に日本のマンガやゲームに出会い，すぐ日本語の学習を始め，20歳からは本格的に取り組んで，目下25歳2度めの日本留学との自己紹介だった。この表現を，Ｓ君ではなく母語話者(native speaker)がすれば，また違った印象を私はもったかもしれないが，今はＳ君からえた印象にもとづいて述べておく。

　さて，この接尾辞(suffix)を持つ語について考えてみよう：「いんちきくさい／いんちきっぽい」「子供くさい／子供っぽい」「素人くさい／素人っぽい」「嘘くさい／嘘っぽい」などはみな「‐くさい」も「‐っぽい」も成立するだろう。

　だが次はどうか：「白っぽい」「飽きっぽい」「惚れっぽい」という語はあるが，「*白くさい」「*飽きくさい」「*惚れくさい」は存在しないだろう。また「*若っぽい」も「*若くさい」も，存在しないだろう。〔語や表現の頭に*印がつくと，そのようなものが存在しない，仮定されたものであることを示す。〕

　「ほんとっぽい」はあるが，「？ほんとくさい」はどうか？　この「？ほんとくさい」などは，ある状況下でなら造語できそうでもあり，各人の語彙の中にすでに存在する語のようでもあり，だが人によっては，そのような表現とは無縁だと言うかもしれない。語の使用状況には個人差がある。「大人っぽい」はあるが，「？大人くさい」はどうか？　これは，上の「？ほんとくさい」よりも使用度が大きいかもしれない。〔語や表現の頭に？印がつくと，そのようなものが存在しないのではないか，ということを示す。〕

● 第1章　表現法と語感

　もっとも，現代日本の若者の間では，この「-っぽい」の方が「-くさい」よりもはるかに好まれ，新語表現にはかなり大きい力を発揮しているようだ〔例：「あいつっぽい考え方だ。普通っぽいバイトは，やだ。」など〕。S君もその若者たちと同じ言語感覚を所有しているのかもしれない。しかも若者たちは，「タレントのXに似てるっぽい人があっちへ行った。」などとこの接尾辞を動詞の連用形以外に後続させても使うらしい。先に引いた多くの語例は，名詞か形容詞・形容動詞の語幹か動詞の連用形につくものであった。動詞の連用形以外の形につくということは，以前はなかったはずだ。

　ともかくも，現代日本語の中で今なお生産力のある形容詞接尾辞として，この「-くさい」と「-っぽい」をあげることはできる。形容動詞の方で生産力の高い「-的」と並んで，そう言えそうだ。「政治的な解決・個人的な解決」という表現は前からあるが，「色的にこっちの方がいい。」「形的におもしろい。」などは耳新しい表現のようだ。こういう言い方を嫌がる人も多いだろう。言語純正主義者(purist)には認めてもらえないだろう。

　「？首相的な決断・学校的な解決」という表現は，すでにどこかで誰かに言われているかもしれないが，私はまだ直接耳にしたことがない。今勝手に作ってみたものだ。若者は「オレ的な言い方では」などとも言うようだ。

　スペイン語の接尾辞(*sufijo*, suffix)には，指大辞(*aumentativo*, augmentative)や指小辞(*diminutivo*, diminutive)，軽蔑辞(*despectivo*, pejorative)などがあるが，いろいろな語とそれらの接尾辞の結合法や地域差などに決まりがある。

　まず，結合法に関して言えば，たとえば，libro「本」という語に，指大辞でもあり軽蔑辞でもある -ote を付ければ，librote「大きな本・つまらない本」という語がえられる。一方，cuchara「スプーン」には，cucharón「大きなスプーン」というふうに指大辞 -ón を付けることは可能だが，-ote を付けることは不可能だ〔*cucharote〕。

　また，地域差というのは，たとえば，指小辞の -ito はマドリッドを中心としたカスティーリア地方などで用いられるが，同じ意味を表わす場合，その北東部のアラゴン地方などでは -ico を用いる。クリアード・デ・バル(CRIADO DE VAL)の『スペイン語および現代諸言語の諸相(*Fisonomía del Español y de las Lenguas*

Modernas)』にはその地域差一覧がある(p.44)。すなわち，7個の指小辞が記され，それらの使用地域名が書かれている。そのうち5個は，1地域でのみ使用と記されるが，上の -ito と -ico は使用地域が広い。前者は，カスティーリア地方の他に，中米のキューバ，プエルト・リコ，コロンビア，ドミニカ共和国の首都サント・ドミンゴ，南米のラ・プラタ河流域など，後者は，スペイン東北部のアラゴン地方の他に，その西隣のナバラ，南東部のムルシアやアリカンテ，南部のグラナダなどの地方，そして中南米の，コロンビア，コスタ・リカ，アンティル諸島，が記されている。

スペイン語の -ona は，数個ある指大辞のひとつだ〔例：mujer「女」＞mujerona「太った女」〕。だから，あのサンチョ・パンサ(Sancho Panza)が自分の女房のテレサ(Teresa)を，これからはテレソーナ(Teresona)と呼ぶことにしようとして，「これなら，あいつのでっけえからだにもぴったりだし，(…)。」と言ったのだった (Miguel de CERVANTES, *Don Quijote*, p.453, 会田訳，p.352)。これを，指小辞 -ito の女性形の -ita を用いてテレシータ(Teresita)と言えば，愛情をこめた言い方にもなるところだ〔例：mamá「お母さん」＞mamita「お母ちゃん」；pájaro「鳥」＞pajarito「小鳥」〕。

そこで，スペイン語の学習者は，これら指大辞，指小辞，軽蔑辞の使用に関して，その母語話者の慣用に従うよう，つまり，学習者が勝手な語を創出しないよう注意されることになる。たとえば，ヴァンサン(Gabriel VINCENT)とデュヴィオル(Jean-Paul DUVIOLS)共著の，フランス人むけの『スペイン語文法(*Grammaire espagnole*)』にもその注意が与えられている (p.18)。

上の日本語の「-くさい」「-っぽい」も同様で，両方の接尾辞が無差別に用いられないことは先の例からも分かる。

接頭辞(prefix)の付き方にも同じようなことが言える。たとえば，フランス語の動詞には，

 (1) porter「持って行く」に接頭辞 a- や en- を付けた

 (2) apporter「持って来る」

 (3) emporter「持ち去る，運び去る」

それに，

 (4) mener「連れて行く」に接頭辞 a- や en- を付けた

(5) amener「連れて行く, 連れて来る」
(6) emmener「連れ出す, 連れ去る」は存在する。

上に述べたことをまとめ, さらに「重点」や「原義」も付加したのが表1である。

	語 ：接頭辞／	重点 ／	原義 ／	意味
(1)	porter ： ／	動作 ／	ハコブ ／	持ッテ行ク
(2)	apporter ： a- ／	動作と到達点 ／	話し手(話し相手)の所ニ ハコブ ／	持ッテ来ル
(3)	emporter ： en- ／	動作と分離点 ／	話し手(話し相手)の所カラ ハコブ ／	持チ去ル・運ビ去ル
(4)	mener ： ／	動作 ／	ミチビク ／	連レテ行ク
(5)	amener ： a- ／	動作と到達点 ／	話し手(話し相手)の所ニ ミチビク ／	連レテ行ク・連レテ来ル
(6)	emmener ： en- ／	動作と分離点 ／	話し手(話し相手)の所カラ ミチビク ／	連レ出ス・連レ去ル

表1　接頭辞 a-, en- の有無

基本形である(1)と(4)は動作にのみ重点が置かれるが, (2)(5)の a- を付けたものは到達点にも重点が置かれ, (3)(6)の en- を付けたものは分離点にも重点が置かれる。

さてこの (1)porter に反復の接頭辞 re- を付けた

(7) reporter 「(元の場所に)戻す」はあるが, 同様に
(4) mener に反復の接頭辞 re- を付けた
(8) *remener は存在しない。

だが, 上の(2)apporter, (3)emporter や (5)amener, (6)emmener の四つに, 反復の接頭辞 re- を付けた

(9) rapporter「(借りたものを)返す」
(10) remporter「(持って来たものを)持ち帰る」
(11) ramener「(元の場所に)連れて行く」
(12) remmener「(元の場所に)連れ戻す」は存在する。

次にこれらの動詞を含む典型的な文を記しておく：

(1)　　　*porter* : Cette valise est bien lourde : pourrez-vous la porter?
　　　　　　　　「このスーツケース，とても重いわ。運んでいただけますかしら？」

(2)　　*apporter* : Le facteur m'a apporté trois lettres.
　　　　　　　　「郵便屋さんが私に手紙を3通持ってきてくれた。」

(3)　　*emporter* : L'inondation a emporté des ponts.
　　　　　　　　「洪水で橋が流されてしまった。」

(4)　　　*mener* : La mère a mené son enfant chez la clinique.
　　　　　　　　「母が子供を病院に連れて行った。」

(5)　　　*amener* : Il m'a amenée à la gare dans sa voiture.
　　　　　　　　「彼は私をクルマで駅に連れて行ってくれたのよ。」

(6)　　*emmener* : *«Emmène-moi au bout du monde!»* (Blaise CENDRARS)
　　　　　　　　『世界の果てまで連れてって』（ブレーズ・サンドラール）

(7)　　*reporter* : Il a reporté le vélo dans la remise.
　　　　　　　　「彼は自転車を元の場所に戻した。」

(8)　　**remener*

(9)　　*rapporter* : Je vous rapporte les outils que vous m'avez prêtés.
　　　　　　　　「お借りした道具をお返ししますよ。」

(10)　*remporter* : Ils ont remporté presque toutes leurs marchandises.
　　　　　　　　「彼らは商品をほとんど全部持ち帰った。」

(11)　　*ramener* : Le mauvais temps les a ramenées à la maison.
　　　　　　　　「悪天候で彼女らは家に引き返した。」

(12)　*remmener* : Sa mère l'amène à l'école ; sa sœur le remmène.
　　　　　　　　「母が彼を学校へ連れて行き，姉が連れ帰る。」

なお，上のフランス語の接頭辞のかなり整然とした使い方に対して，同じロマンス諸語(Romance languages)〔ラテン語を起源として分化した言語グループの総称〕に属するスペイン語は，それに見合った対応関係を見出せないようである。つまり，上の(1) porter と(3) emporter および(6) emmener のどれに対しても，スペイ

ン語ではllevarというひとつの動詞で対応できる，あるいは対応してしまうようである。また，(2) apporterや(5) amenerおよび(9) rapporterのどれに対しても，スペイン語ではtraerというひとつの動詞で対応できる，あるいは対応してしまうようである。

英語では，フランス語の(2) apporterや(5) amenerに対しては，bringが応ずるが，(9) rapporterや(11) ramenerに対しては，bring backが応ずるというふうに英語に多く見られる動詞句で表現するようである。

以上，接尾辞や接頭辞を通覧して，母語話者の感覚と語形成(word formation)の関係，および，各言語ごとの個性ある語形成法を確認してきた。次の反復(reduplication, repetition)でも，語句表現の成立可能性の度合いを探ってみることにしよう。

2. 反復表現 ── ワッシャワッシャと銭の音

ここでは，ほとんど日本語に焦点を当てて，まず最初に品詞(parts of speech)ごとに例をあげてみる。その次にオノマトペ・幼児語などの特定表現に限って検討する。

2－1. 名詞の反復

まず日本語名詞の反復表現をみる。玉村文郎は「山々，日々，寺々，神々，浦々，／＊虫々，＊猫々，＊足々」などの例をあげて，「古代の和語名詞の重複形は，場所性名詞，時間性名詞，人称性名詞などへの集中傾向が見られること，卑小，無価値なものを指す名詞には見られないこと，3音節以上の名詞には少ないことなどが指摘できる。」と言っている(「語形」, p.46)。上に記された「山々」などの語は「家々，月々，われわれ」などとともに現代日本語の語彙でもあり，この語形成に対する解説として説得力がある。

さて，次の表現はずいぶん特殊な言い方ではないだろうか？「ビル」という語それ自体は，上の場所性名詞の範疇に入るとしても，和語ではなく借用語(borrowed word, loan word)であるだけに，どうも座りが悪いというか，破格というか，そういう部類のものだろう。要するに，作者の柴田翔(1935 [昭10]－)はその点

に期待して表現効果をあげようとしているのだ〔下線引用者，以下同〕：

　　二人が一緒に過ごしたあの時代は，今とは違う時代であったと，見司は，ネオンが新築の<u>ビル，ビル</u>の連なりに輝く年末の渋谷の町を歩きながら，思った。

（柴田翔『贈る言葉』，p.28）

　たとえば現代日本語では，和語ではなく漢語の場合も「土地々々で風習が違う」などとすんなり言えるのに，上例は何とも異質だ。もちろん，作者もその辺は承知で，「ビルビル」ではなく，「ビル，ビル」と書いたのだろう。

2－2.　代名詞の反復

　次は代名詞類の，まず疑問代名詞をみる。「誰が」を意味する英語のwhoやフランス語のquiには複数形がないが，スペイン語のquienにはある：

(1) ¿*Quien* es este chico ?「この少年は誰ですか？」
(2) ¿*Quienes* son estos dos chicos ?「この二人の少年は誰ですか？」

　(2)の複数表現に対して，現代日本語でわざわざ「この二人の少年は誰と誰ですか？」とは，特殊状況以外ではあまり言わないだろう。だが，日本語では疑問代名詞「誰」に対して，かつてその複数「誰々」があった〔例「落合ふ大衆たれたれぞ」（義経記-五・忠信吉野山の合戦の事，『日本国語大辞典』から）〕。ところが，「誰々」という語は今日では不定代名詞になってしまった。「誰々の言によると云々」がそれである。疑問代名詞から不定代名詞へと，語の職能が移動したのだ。
　日本語では，指示代名詞の反復使用が可能な場合と不可能な場合がある：

(3)　　<u>コレコレ</u>するようにと指示しておいた。
(4)　＊<u>ソレソレ</u>するようにと指示しておいた。
(5)　＊<u>アレアレ</u>するようにと指示しておいた。
　　　〔文頭に＊印がつくと，その文は文法的に成立しないことを示す。〕

完全な反復ではないが，類語反復で次のようなものもある：

(6)　アレコレするようにと指示しておいた。

この類は「そうこうするうちに」や「どうこう言っても」などにも見られる。次の例は，その延長線上で，指示代名詞の反復表現を巧みに利用した，俵万智(1962 [昭37]―)の一種のコトバ遊びでもあるが，その意表をつく表現から鑑賞者の脳裏に虫のすだく様が見事にイメージされる：

枕辺に寄せては返す虫の声ここそこあそこどこそこあそこ

(俵万智『チョコレート革命』, p.78)

上の歌で「ここそこ」及び「どこそこ」とその次にくる「あそこ」の間には，複合という観点からみて，切れ目がある。そしてまた，その「ココソコ」や「ドコソコ」が表現可能なのに対し，「*ココアソコ」や「*ソコアソコ」や「*ドコアソコ」は不可能だ。このことから，同語反復にしろ類語反復にしろ，なんらかの制限のあることが分かる。さらに「アッチコッチ」は可能だが，「*アッチソッチ」は不可能だなどと，制限の存在が確認される。

2―3.　動詞の反復

次に動詞に関しても，少し見ておこう。文中で動詞が指し示す，完了・未完了・継続・進行・反復・開始・終結・状態などの局面をアスペクト(aspect)と言う。同一動詞を反復させた「後をミイミイ」「首をフリフリ」「頭カキカキ」などの表現は強調でもあろうが，その動作の反復という点では，アスペクトに関わる表現とも言えよう。

しかし，「いやあ，夕べは飲んだ，飲んだ。」はやはり強調表現だ。

次は平安前期の歌物語である『伊勢物語』第四十段のフランス語訳の一部：

L'homme *pleura, pleura* et composa ce poème : / (...) / Puis il perdit connaissance.

(«*Contes d'Ise*», XL)

双方の恋心がつのってゆくのに，人が女を連れ去ってしまった。そこを原典では「おとこ泣く泣くよめる」と記し和歌を載せ「(…) とよみて絶えいりにけり」と描写する，その部分のフランス語訳だ。「泣く」という語の反復表現に，フランス語訳の方でも等しく pleura〔pleurer の単純過去形〕を反復させている。反復させれば，おのずと強意になる。

2−4. 副詞の反復構成

今までは，同一語の反復について見たのだが，ここは，語を形成するにあたって同音を重ねる場合ということになる。

「再々・精々・度々・たまたま・次々・転々・年々・よくよく・わざわざ」など，重ね型の構成法でできる副詞は多い。単独でなら名詞に用いることのできる「次」〔例：「次の方お入り下さい。」〕や「度」〔例：「この度はおめでとうございます。」〕などからできた重ね型のように，おおむね副詞になりきったものもある。しかし，一方では「数々・時々」などのように，まだ名詞の働きをするように見られるものもある。さらに「かくかくしかじか・年々歳々」のような重ね型もある。なお，ここの副詞に該当する実例は，後述の「2−6. オノマトペの反復構成」の中でいろいろ引用する。

2−5. 同系語の反復

次の資料は同音・同語の反復の例ではない。同一品詞の語を反復列挙することによって，そこでの表現を強調している例である。同系語・関連語句の重ね表現による強調と言えるだろうから，ついでながら，ここに掲げておく：

> まこと入立ぬる恋の奥に何物かあるべき。もしありといはゞ，みぐるしく，にくゝ，うく，つらく，浅ましく，かなしく，さびしく，恨めしく，取つめていはんには，厭はしきものよりほかあらんとも覚えず。あはれ其厭ふ恋こそ恋の奥成けれ。
>
> （樋口一葉『にっ記明治二六年七月五日』，p.192，ルビ引用書）

「恋の奥に何かがあるとすれば」と言って，その姿を8個の形容詞で修飾する。

次から次へとその性格をあばきだしながらも，まだ言葉は足りないのだが，最後に総括するようにただ1語「厭はし」と記す。それが恋だと，一葉（1872［明5］－96［明29］）は見抜く。見抜いて，そして，逃れられないのだ。

以上，反復表現も当然，通時的(diachronic)に，つまり，時間の流れに則して，歴史的変遷の面から見て，変動すること，そして，反復表現の仕方にも，接辞同様，制限のあること，また，反復表現の表わす意味，などについて見てきた。

2－6．オノマトペの反復構成

日本語のオノマトペ(*onomatopée*，onomatopoeia)〔擬声語と擬態語をまとめて，こう呼ぶ〕は，カーカー，ガタガタ，キャンキャン，グズグズ，ケロケロ，ザブザブ，サメザメ，シトシト，チクチク，チュンチュン，ズシンズシン，チクタクチクタク，ザンブリコザンブリコ，など，反復で構成されるものが多いようだ。

ここでは，以下にその少し珍しい部類に属するような表現例を並べてみる。まず樋口一葉『たけくらべ』（1896［明29］）からの例：

　（…）信如元来かゝる事を人の上に聞くも嫌ひにて，苦き顔して横を向く質なれば，我が事として我慢のなるべきや，それよりは美登利といふ名を聞くごとに恐ろしく，又あの事を言ひ出すかと胸の中もやくやくして，（…）。

（樋口一葉『たけくらべ』，pp.27－8）

ここで「あの事」とは，龍華寺の跡継ぎ息子の信如が羽織を汚して困っている時に，妓楼大黒屋の娘美登利が紅のはんけちを差し出す，二人の初対面の場と，そこを悪童どもに見られて冷やかしの種にされている状況の双方全体を指している。そして「かゝる事」は他人事でさえ嫌な信如なのに，まして今はそれが我が身の事なのだから，「胸の中もやくやくして」いるのだ。

『日本国語大辞典』の見出し「やくやく」の項では「おどるさま。また，おどり立つほどいきいきとしたさま」と記している。つまり，漢字で書けば「躍々たり」となるところだ。『大辞林第二版』の「やくやく」の項にある，尾崎紅葉（1867［慶応3］－1903［明36］）の『金色夜叉』（1903［明36］）からの例「胸中の躍々として

痛快に堪へざる者あるなり」がそれだ。

　しかし，上の『たけくらべ』の例は，ここに記した状況説明からも分かるとおり「気がかりで，じっとしていられず」というほどの意味をもつオノマトペだ。全集の編者も「不安なさま」と注釈するだけだ。この意味は大きな辞典にも採録されていない。この語は，心が落ち着かない様の「わくわく」にも近い。『たけくらべ』にはその「わくわく」もあるので，ついでに引いておく。

　雨の中で鼻緒を切らし，すげかえようとして苦労する信如を見かけた美登利は「鈍(もど)かしう歯がゆくは思へども」しかし立ち尽くすだけだ。そこへ，母から家へ入るようにと声をかけられる：

　　「はい，今行きます」／と大きく言ひて，その声信如に聞えしを恥かしく，胸はわくわくと上気して，(…)。　　　(同書，p.47)

　この文も心の落ち着かない様の表現だ。それは上の「やくやく」に似ている。ただここでは，美登利の信如へ傾斜する心ゆえに，その分だけ上気しているその心理も表現されている。『日本国語大辞典』も「わくわく」の項にここを採録し，「心が落ち着かないで騒ぐさま」という語釈の例にしている。そんな美登利だが，紅入り友仙の端切れを信如の方に投げ与えて家に入る。端切れは路上で濡れそぼつだけだ。

　上の「わくわくと」という語も現代の語感からみればやや古風な使用例だが，次の例も現代語とは意味が違う。梶井基次郎（1901［明 34］－ 32［昭 7］）が『檸檬(れもん)』（1925［大 14］）と同じ年に書いた作品である：

　　心から遠退(とおの)いていた故郷と，然も思いもかけなかったそんな深夜，ひたひたと膝をつきあわせた感じでした。　　(梶井基次郎『橡(とち)の花』，p.69，ルビ引用書)

　この語は現代語としての意味は，もっぱら「水がひたす様」に関する表現だ。上の例は古風な語法で，現代なら「故郷にぴったりと膝をつきあわせた感じでした。」だろう。親しい人にぴったり寄り添うように，故郷に相対したということで

あろう。『日本国語大辞典』の「ひたひた」の項目の③に，狂言『仏師』の例として「膠をもってひたひたとつけますれば」が引用されている。これは辞典の例として適例である。仏像を求めて上京した田舎者から仏像作製をせかされたニセ仏師は，弟子どもに部分々々を作らせてそれらをニカワでぴったりくっつければ明日には完成する，と言っている場面だ。

次は溝口健二 (1898 [明31] － 1956 [昭31]) の映画『雨月物語』(1953 [昭28]) のシナリオ作成過程での一挿話，銭(ぜに)のオノマトペを使おうとした話だ。溝口と共同で脚本を執筆した依田義賢 (1909 [明42] － 91 [平3]) が語っている：

　(…)，金銭の象徴とでも言いたい，銭の亡霊を考えてみたのです。近江商人の幽霊かも知れません，西鶴的幽霊というところで，名前を与左衛門といって「わての体は冷とおっせ」といい，体をゆすると，ワッシャワッシャと銭の音がするというようなものです。　　(依田義賢『溝口健二の人と芸術』，p.273)

この語も『日本国語大辞典』などに立項されていない。「ワッシャ」と1回表現するだけでは銭の音とも思えないが，「ワッシャワッシャ」と反復されると，その音らしく耳に響いてくるだろうし，文楽の大夫が語ればより効果的だろう。

ところが，次の例は「ぱたら」1個だけでもオノマトペらしい効果が，あるいは生み出せるかもしれないが，重ねることによってその動作の継続反復が鮮明になる：

　修吉は家から爪先立ちの抜き足で離れ，五十米ばかり行ったところでようやく手に持っていた藁草履をはいた。濃紺の天空の東がわずかに白らみかけている。修吉はその方へ向って，藁草履の尻尾で踵をぱたらぱたら叩きながら歩いて行った。

(井上ひさし『下駄の上の卵』，p.58)

第二次大戦後の日本の少年はみな野球狂だった。井上ひさし (1934[昭9]－) 作『下駄の上の卵』(1980[昭55]) の修吉もその一人だ。早起きして仲間たちの所に駆けつける。鍋や食料品などを持ちだして，母親に見つかったら大変なことになるところだったが，もう安心という気持ちが，この「ワラゾウリのシッポでカカ

トをぱたらぱたら」という部分に表わされているのだ。この「ぱたらぱたら」という語も『日本国語大辞典』などに立項されていない。

　反復した音形をさらに重ねる場合もある。反復をさらに繰り返すことで，継続態にもなり，強調表現にもなっていることが分かる。次に記す里見弴(とん)(1888[明21]－1983[昭58])の『多情仏心』(1923[大12])の例もそれだ：

　　ほろほろほろほろと舌を吐く石炭の火を見詰めてゐると，(…)。
　　　　　　　　　　　　　　　　　　　　　(里見弴『多情仏心』(前)，p.50)

「ほろほろと舌を吐く」でもいいのだが，重ねることによってその火の燃え方が的確に描きだされる。この里見の例から見直せば，前掲諸例も，もしそこでオノマトペを繰り返したら，その継続態の強調表現になるということが確認できるはずだ。

　次の例はオノマトペの範疇の語ではない。だが，形容詞語幹を重複させることで，表現に，ある親しさが出たようで，そこに春の日のさし方の何か擬態めいた感覚が読者には感じ取れるのではないだろうか？　岳人にして山の文士である深田久弥(ふかたきゅうや)(1903[明36]－71[昭46])が『我が山山』(1934[昭9])で述べる感懐：

　　三月の末ではまだ山の上は冬の領分である。(…)しかしもう恐怖にこころをおびやかされるようなことはない。(…)日の光も何となく和和(なごなご)しい。
　　　　　　　　　　　　　　　　　　(深田久弥『我が山山』，p.61，ルビ引用書)

　冬山から春山への移行の顕示は何にもまして陽光の変容である。そこを深田は描写している。『日本国語大辞典』に「和(なご)し」という見出しがあり，「和やか，やわらか」の意味である。上例はこの「和し」の重複形である。

　以上オノマトペを中心に見てきたが，どの語もこれらの用例に見合ったものは『擬音語擬態語辞典』に採録されていない。たとえば，「ひたひた」は立項されているが，スリッパなどの音や水がものに打ちあたる様子などの定義語釈だけである。

2－7. 幼児語の反復構成

さて今度は，幼児語(baby language)について考えてみる。幼児語には多く反復表現が見られる。そこには，擬声や擬態表現によって理解度を高めようとする表現意図があるだろう。これは，言語未習得状況の幼児に対する大人の側からの心遣いでもあろう。まず，日本語の例を少し上げる：

いい子いい子，　おてて「手」，　おとと「魚」，　くっく「靴」
しーし「おしっこ」，　ののさん(のんのんさん)「お月さん，お仏さん」
ぽんぽん「おなか」，　まんま「ご飯」，　わんわん

フランス語の幼児語にも，これら日本語に似た反復表現が多い。以下にその例をあげるが，対応するスペイン語で，ラルース社の『仏西・西仏辞典(*Dictionnaire français-espagnol espagnol-français*)』に出ている語はカッコの中に記す。このフランス語とスペイン語の2言語の対比から，反復表現がフランス語の方に多いことを確認しよう。さらにはそこに記した日本語との対比からも同様のことを確かめよう：

bébé (bebé)「赤ん坊」，bobo (pupa)「いたいた，痛い痛い」
boubouche「お口」，caca(caca)「うんち」，chien-chien「わんわん」
coco (coco)「卵」，cocorico (quiquiriquí)「こけこっこう」
cocotte (gallina)「めんどり」，dada (caballito)「お馬」
dodo (cama)「ねんね」，fifille「お嬢ちゃん」，lolo「おっぱい，ミルク」
mémé「おばあちゃん，ばーば」，néné「おっぱい」，nounou「ばあや」
nounours「熊ちゃん」，pépé「おじいちゃん，じーじ」
pipi (pipí)「おしっこ，しーし」，tata「おばちゃん」
tonton (tito)「おじちゃん」，toutou (guauguau)「わんわん」

スペイン語の gallina は gallo「雄鳥」に女性の指小辞 -ina がついて「雌鳥」の意味であり，caballito は caballo「馬」に男性の指小辞 -ito がついて「子馬」の意

であり，camaは「ベッド」の意味である，というふうに，これら3語はオノマトペの領域には関わらない普通の名詞である。

本節の諸例に直結して，次節では，統語法(syntax)，すなわち文の組立て方，のレベルの例も加わる。語形成の様相を扱う本稿で統語法的レベルにまで進むのは，反復表現の考察だからである。

3. 反復表現による効果 ── セビーリア，すごーいや！

今までは語の構成に関する反復に焦点を当てて見てきた。今度は，反復表現が文の中で果たす機能を探ってみよう。

3－1. 語句などの反復

上のところからすでに，反復による表現効果のありようを確認できたが，ここでもう少し同一語句の反復表現を見ておく。次に記すのはスペイン語の例である：

casi, casi「ほとんど」
lento, lento「ゆっくりゆっくり」
pronto, pronto「早く早く」
¡Siga, siga!「続けて下さい！」
¡Diga, diga! (¡Dígame, dígame!)「(電話を受けて)もしもし！」

最初の三つは副詞の反復で，残りの二つは動詞命令形の反復だが，これらはみな強意表現である。最後の電話口での表現は，普通には1回だけでもかまわないのだけれども，それでは強意にならない〔なおこれは，人から声をかけられて「何でしょうか？」とか，店員が「何になさいますか？」などにも使うが，それらは普通1回だけ言えばすむはずだ〕。電話用語の日本語の「もしもし」は2回繰り返すが，この語の語源である「申し申し」の場合には，1回「申し」と言っただけでも，十分呼びかけとして通じたのだった。

さて，上のスペイン語の副詞や動詞と同様に，形容詞を反復して，たとえばlimpio, limpioは「とても清潔な」の意味になる。さらに，café, caféと名詞を反復

● 第1章　表現法と語感

させる手もある。意味は「本物のコーヒー」ということになる。これらもみな強意表現である。

　次に掲げるのは，イタリア語の，まず形容詞の場合で，un fanciullo *vispo vispo*「元気な元気な子供」や due occhi *neri neri*「黒い黒い両眼」のようなものがあり，副詞の例では，appena appena「やっとこやっとこ」や，assai assai「とてもとても」のようなものがある（クリアード・デ・バル，p.42）。

　以上の反復による表現効果から，自然に次の頭韻法・脚韻法へたどり着く。

3−2. 頭韻法・脚韻法

　16世紀のフランス語には，語幹部の重ね型という一種の頭韻法(allitelation)による反復の表現があった。頭韻法とは，ある表現内部で語頭部の音（群）を繰り返すことである。

　『16世紀フランス語辞典 (*Dictionnaire de la langue française du seizième siècle*)』に，その例として，名詞の flotflot「たゆたう波」，floflotement「ゆらゆら揺れ動くこと」，そして，動詞の flofloter「ぷかぷか浮く」，形容詞の floflotant「ぷかぷか浮かんだ」がある。これらはみな flotter「浮かぶ」を語基にした派生語である。

　しかし，度合いの高まりに目を向ける重ね型のこの造語法は，クレソ(Marcel Cressot)も指摘するように，後代には生き残らなかった（『文体とその技法(*Le style et ses techniques*)』，p.112）。ただ，類似の音表現として，頭韻法による語が現代語にもわずかながら存在する。その例として，murmurer「つぶやく」，chuchoter「ささやく」をあげておく。これらには語の意味に結びつく音効果がある。以上は拙著『コトバの原風景』で述べた (p.98) ことへの補説でもある。

　私の乗り合わせた，スペイン国鉄の食堂車で，子供が椅子の上でトランポリンに乗ったように跳ねてリズムをとりながら「チーズはいらない。チーズはいらない。」と繰り返していた。ほこりをたててみんなが迷惑しているのに親は平然としていた。そんな光景を思いだす。そのスペイン語は《No quiero queso. No quiero queso.》だ。これは頭韻法によるコトバ遊びでもある。以下，わずかの例で十分だろう：

E.　as busy as a bee「蜜蜂のように忙しい」
　　 Don't drink and Drive!「乗るなら飲むな！」
　　 《Love's Labor's Lost『恋の骨折損』》（SHAKESPEAR）
L.　Veni, vidi, vici.「来た，見た，勝った。」（CAESAR）
F.　 jeter feu et flamme「烈火の如くに怒る」
J.　「傘を貸す馬鹿返す馬鹿」
　　 「八幡の藪知らず」など。

次に記す表現は，頭韻の反対，つまり，ひとつの表現内部で語末部の音（群）を繰り返す脚韻(rhyme, rime)で反復効果を楽しむ，フランス語のコトバ遊びの例である。類似した発音の人名を付加してふざけるのだ：

「乾杯！」と言う時，《A la tienne, Etienne!》
「よく言うよ！」が，《Tu parles, Charles!》
「(車を) ぶっとばすぞ！」は，《Je fonce, Alphonce!》
「お前間違ってるよ！」と言いたくて，《Tu as tort, Victor!》

これらも重ね型のコトバ遊びである。意味そのものは人名を付加しなくても成り立つのだが，エチエンヌやシャルルやアルフォンスやヴィクトールなどがそこに居合わせたら，しめたものだ。しかし，そこにそういう名前の人物が居なくても，いわゆる語呂合わせに用いることは可能だ。日本語でなら差し詰めこうだろう：

「乾杯，勘平！」
「よく言うぞ，雄三！」
「ぶっとばすぞ，橋蔵！」
「間違ってるよ，照代！」

次は同じく脚韻の，と言うよりも，語呂合わせによるコトバ遊びの，スペイン語の有名な例。日本語の「日光見ないうちは結構と言うな。」に対応するスペイン語

●第1章　表現法と語感

版である：

Quien no ha visto Granada, no ha visto nada.「グラナーダを見ていない人は何も見たことにはならない。」

「ナーポリを見て死ね。」はフランス語では，Voir Naples et mourir!と言い，英語では，See Naples and die!と言うのだが，その本家のイタリア語の表現では，

Vedi Napoli, e poi muori!

である。これも韻を踏んで快調ではあるが，上のグラナーダ観光誘引表現の見事さは格段のものだ。諧調明快。グラナーダの連中だけでなく，セビーリアっ子も同じように，しかも次のように2通りに言う：

Quien no ha visto Sevilla, no ha visto maravilla.「セビーリアを見ていない人は素晴らしいものを見ていない。」
No digas maravilla antes de ver Sevilla.「セビーリアを見ないうちに素晴らしいと言うな。」

私がかつてセビーリアに向かう列車内で出会った，それぞれ鍾馗(しょうき)さんや布袋(ほてい)さんのような風貌をした治安警備隊(Guardia Civil)の二人の中年兵士〔車内警備員で，特別室に乗務している〕は，当方の行先が分かると，その壮途を祝うかのように，床を踏みならし，¡Sevilla, Maravilla!「セビーリア，すごーいや！」という囃子言葉をあきれるほど繰り返したのだった。

3－3. 同語反復・冗語法・余剰表現

同語反復(tautology)とは，それらが類語同士だと意識するしないには関係のない反復，を言う。「月夜の晩」という表現を同語反復と承知しながらも，人は使ってしまうのではないか？　一方「一月元旦」が同語反復だと思わない人も結構い

るようだ。「馬から落ちて落馬して」が意味を強めるための類語の意識的な反復，つまり冗語法(pleonasm)だと分かって使うのだろうが，「これは未だ未決定です。」や「後で後悔することになるぞ。」などが同語反復だと気づかないままに使っている人がかなりいるのではないか？

　もちろん，言語純正主義者はこのような言い方を嫌う。さらには「ドライバーの方は安全運転を心がけてください。」の類も嫌がるようだ。「ドライバー」とは「運転する人」のことだから，その「人」と次に出てくる「方」で同語反復になるという。そして「ドライバーは安全運転を心がけてください。」にしろと言う。一方「ドライバーの皆さんは安全運転を心がけてください。」ならかまわないと言う。

　このような同語反復に関連して，表現をより一層明確にするために，それに関係する情報量を増やすこと，すなわち表現における余剰性(redundancy)という面をも考えてみよう。

　「私はクラシック音楽が好きだ。」は，スペイン語では，

　　　　Me gusta la música clásica. とも，

A mí me gusta la música clásica. とも言う。後者は，a mí を付加した分だけ，前者に対する強調ともとれるが，一方，

　　　　A él le gusta la música clásica. 「彼はクラシック音楽が好きだ。」と

A ella le gusta la música clásica. 「彼女はクラシック音楽が好きだ。」の場合には，強調という以上に，余剰表現でleの指し示す内容を明確にしているのだ。つまり，le それ自身はa él と a ella の両方を表わすことができるのだから，こちらのle はそのうちのどれであるかを具体的に示すことで，他の方を切り捨てる。こうして表現を明確にしようとするのだ。これと同じに考えるなら，上の A mí me gusta la música clásica. の場合も反復表現すなわち余剰表現と見ることができる。このようなスペイン語の余剰表現の例として，さらに次のようなものも追加できる：

su tienda de él 「彼の店」／ su tienda de Usted 「あなたの店」
los cascos rojos 「それらの赤いヘルメット」／ las boinas rojas 「それらの赤いベレー帽」

● 第1章　表現法と語感

　つまり，suには「彼(ら)の，彼女(ら)の，あなた(たち)の」などの意味があるので，前者ではsuの内容が「彼の」なのか「あなたの」なのかを明確にしようとして，tiendaの後にde él「彼の」あるいはde Usted「あなたの」を付加しているのだ。また，後者では，cascos「ヘルメット」という男性複数名詞に向かって，等しく-osという語尾をもつ定冠詞losや形容詞のrojosが連帯してひとつの意味のかたまりをなしていること，boinas「ベレー帽」という女性複数名詞に向かって，等しく-asという語尾をもつ定冠詞lasや形容詞のrojasが連帯してひとつの意味のかたまりをなしていることを表わしているのだ。

　以上，同語反復も冗語法も余剰表現も，情報(information)の量を多くすることで，伝達(communication)をより一層確実なものにしようとしている点を見てきた。

　なお，この余剰表現という観点から見るなら，先の「ドライバーの方は」という表現も認められることになろう。そして，日本語の表現方法の特徴のひとつである婉曲な物言いは，余剰表現の介入で直接性や簡潔性を回避しているのだ，ということが理解できるだろう。

4.　新語創出の造語法 ── 携帯とケータイ

　新語(neologism)の「テレホンショッピング」は，フランス語ではtéléachatと言い，スペイン語ではtelecompraと言う。どちらもその作り方は，接頭辞＋名詞である。

　「テレビドラマ」は，フランス語ではtéléfilm，スペイン語ではteledramaで，両者ともここでも，接頭辞＋名詞だが，スペイン語にはdrama de televisiónという別の語もある。こちらは，名詞＋de＋名詞の形成法をとっている。

　「テレホンカード」は，フランス語ではtélécarteと言い，ここでも，接頭辞＋名詞だが，スペイン語では，tarjeta de teléfonoと言い，先ほどと同じ，名詞＋de＋名詞の形成法をとる。

　「携帯電話」は，フランス語ではtéléphone portableで，スペイン語ではteléfono móvil〔中南米teléfono celular〕で，この複合語(compound [word])の形成法は，名詞＋形容詞だ〔ただし，フランス語にはtéléphone de pocheもある〕。

　パソコンの「ホームページ」は，フランス語ではpage d'accueilと言い，スペイン

語では página de casa と言い，この形成法は両者とも，名詞＋de＋名詞だ。

　一方「アイバンク」は，フランス語では banque des yeux, スペイン語では banco de ojo と言う。この形成法は，スペイン語は，名詞＋de＋名詞で「ホームページ」の場合と同じだが，フランス語は，名詞＋de＋冠詞＋名詞の組合わせで，冠詞が入っている。なお「アイ」の部分は，フランス語では複数，スペイン語では単数で表現している。

　以上，近年相次いでできた新語の語形成の方法について，その多様性を垣間見た。これら複合語の中で最古の「テレビドラマ」という語でさえ，まだ50年の歴史がない。

　『ラルース・フランス語大辞典(*Grand Larousse de la langue française*)』には，名詞の並列によってできた複合語として，文献への初登場は1600年と記されて，betterave「ビート，甜菜」という語〔＜bette「フダンソウ」＋rave「カブラ」〕が出ているし，文献への初登場は1865年と記されて，café-concert「カフェコンセール」という語が出ている。このように古いのももちろんあるが，最近は名詞の並列による複合語がフランス語で，より一層増加しているようだ。スペイン語でもそれは言えそうだ。まず，フランス語の例をあげる：

le(s)　mot(s)-clef(s)「キーワード」〔＜「語」＋「鍵」〕
la [les]　ville(s)-satellite(s)「衛星都市」〔＜「都市」＋「衛星」〕
la [les]　cité(s)-dortoir(s)　「ベッドタウン」〔＜「都市」＋「共同寝室」〕
le(s)　dépôt(s)-vente(s)「リサイクルショップ」〔＜「保管所，預託」＋「販売」〕

次にスペイン語の例を同じく4語あげる：

la(s)　palabra(s)　clave(s)「キーワード」〔＜「語」＋「鍵」〕
la(s)　ciudad(es)　satélite(s)「衛星都市」〔＜「都市」＋「衛星」〕
la(s)　ciudad(es)　dormitorio(s)「ベッドタウン」〔＜「都市」＋「(共同)寝室」〕
el [los]　tren(es)　bala「超特急」〔＜「列車」＋「弾丸」〕

● 第1章　表現法と語感

　名詞を複合させる際に，たいていの場合ハイフン(-)を，フランス語は使い，スペイン語は使わない点も注意しておく。これらの名詞並列による造語法も，city life「都市生活」やlabor relations「労使関係」などに見られる，英語の造語法からの影響によるとも思える。英語からの影響はいろいろなところにある。

　以上，最近の新造語について，フランス語とスペイン語の場合を見たが，日本語の新語についても一言ふれておこう。とは言え，こと新しく語るほどでもない。圧倒的に借用語の多いことを再確認するだけだ。上に掲げた語のおさらいになるが，「テレホンショッピング，テレビドラマ，テレホンカード，ホームページ，アイバンク，キーワード，ベッドタウン，リサイクルショップ」など，みなカタカナ語である。

　むしろ，漢語で「携帯電話」と造語した方が珍しいように思う。英語のcell phone, cellular phone, mobile phoneなどから，どれかを借用することも可能だったはずだし，あるいは何か和製英語を作ることも不可能ではなかったはずなのに。だが「携帯電話」も，昨今では前半だけが発音され後半が脱落し，書けば「ケータイ」と仮名書きにされるようだ。それは「携帯」と手書きする煩を避けているのでもあろう。

　以上，新語を生み出す方法を複合の観点から，それに借用も加えて見てきた。しかし，この他にも類推(analogy)，混交(contamination)などまだいろいろな手段もある。また，日々作りだされる流行語(word in fashion)や俗語(slang)，その一方で捨て去られてゆく廃語(obsoletism)，死語(dead language)，古語(archaism)などの問題についても考えてみたいことはいろいろある。

第2章　複合語

1.　日本語の複合名詞の探索 ───── 母語感覚を探る

　第1章では，接辞から始めて，複合語や新造語などにおける語形成立の可能性や様々な姿を見てきたが，本章では日本語の複合名詞の場合に限って考えてゆく。

　日本語の複合名詞(compound noun)の形成方法に関して，田中春美他『言語学演習』に次のような問題とヒントがある(p.109)：

　　日本語における合成で最も造語力の強いのは，複合名詞である。複合名詞の構成要素を語類別に見ると，名詞・動詞連用形・形容詞(形容動詞)語幹の三種類が中心である。この三種類の一次結合(二つの要素だけの結合)の様式にどんなものが考えられるか，実例を挙げて説明しなさい。

　　〔ヒント〕重複順列の公式で考えれば，合計九種の結合様式ができる。実際に最も多いのは名詞＋名詞で，次には名詞＋動詞連用形である。他方，形容詞語幹＋形容詞語幹，動詞連用形＋形容詞語幹という様式は，極めて少ない。

　日本語の母語話者(native speaker)にこのような問題を出すことは，その人の母語(mother tongue, native language)である日本語に対する感覚について，いろいろ興味ある観点を導きだせそうだ。それは，私が他の機会に学生に課した，日本語の正書法(orthography)に関するアンケートで得られたもの〔第5章「4.日本語表記法に関するアンケート」を参照のこと〕と同次元にあって，いろいろなことを教えてくれるようだ。

　そこで，この複合名詞の形成方法に対する答えを，その日本語正書法のアンケートと同様に，私の言語学関係のクラスに出席する学生に求めた。実際，彼らは複合語 (compound [word], complex word ; *mot composé*) の形成に対する母語話者の感覚についていろいろ興味深い点を示してくれた。

　さて，名詞(N),動詞連用形(V),形容詞(形容動詞)語幹(A)の結合方法は，以下の9通りである：

(1) N＋N,　(2) N＋V,　(3) N＋A,
(4) V＋N,　(5) V＋V,　(6) V＋A,
(7) A＋N,　(8) A＋V,　(9) A＋A,

2. 誤った考え方とそこからの脱出法　―――　牛の乳は牛乳ではない

　学生の答えには，上の問題中で言われた制限からの逸脱が多く見られる。それを検討することがこのテーマを考える近道となる。まず，一次結合(primary combination)という制限を逸脱するものが多い。

　これは，日本人が日本語をみる時，発音よりも文字に大きく拘束されていることの証明になる，という点でこの問題の要点のひとつとなるところだ。文字に拘束されている点では，前節にも記した日本語の正書法に関するアンケートの結果や，さらにはこれまた後述する，第3章の「語と音・綴・義」の内容にも共通する問題をはらんでいる。

　なお，コトバについて考える時，西洋の言語学の伝統は，音声優位であった。文字は音声に従属するという考えであった。文字言語を持たない社会は存在するが，音声言語を持たない社会は存在しないのだから，「音声優位，文字従属」ということは一応は言える。しかし，漢字文化圏の歴史に生きるわれわれは，文字を抜きにしてコトバを考えることはできない。今この点を確認しておいた上で先へ進むことにしよう。

2－1. 文字による拘束

　ここでいう「文字による拘束」とは，たとえば「表裏」とか「父母」という表現の場合だ。これらは，「オモテウラ」や「チチハハ」と訓読みすれば，(1)N＋Nの複合名詞なので答えの枠に入るが，「ヒョウリ」あるいは「フボ」と音読みしてしまえば，それは単一語で，ここの答えにはならない。たとえば「＊フ」や「＊ボ」という語は存在しない。本人が訓読み・音読みのどちらで考えているのか，注記がないと答えを読む側は困ってしまう。

　もっとも，「オモテウラ」という表現それ自身は「オモテ」と「ウラ」という二つの単一語を並記した感じが強い。それでももちろん複合語だが，より一層複合

語を意識すれば「ウラオモテ」だろう。ただしそう言うためには「オモテウラ」と「ウラオモテ」という両語の意味の差は不問にしておく必要がある。と言うのは，語形が違えば意味に差ができるのは十分に考えられることだから。

　「東西」の場合も同じことが言える。「トウザイ」と音読みするのなら，ここの答えにはならない。「ヒガシニシ」と発音するのならよいが，その場合は「ニシヒガシ」と言う方が，より自然な複合形だろう。

　「山川」の場合は，そう記した者が「ヤマカワ」と「ヤマガワ」のどちらの音形で捉えているかで，微妙な違いが出る。前者は「ヤマ」と「カワ」の並列意識が強いが，後者ならば「山の（中を流れる）川」という複合語の意識が鮮明になる。もちろん「山川草木」の場合の一部である「サンセン」という読みで答えているのでは失格だ。それだけで自立しては使わないだろうからだ。

　「雨風」はここでの答えの例に入るが，その文字を逆にした「風雨」は入ることができない。「＊フウ（風）」も「＊ウ（雨）」も，共に自立単位ではないから。

　「牛（ウシ）」と「乳（チチ）」の2語は，どちらも名詞だ，という判断から「牛乳」という記入もあったが，これもだめだ。ここでは，「牛（ウシ）」の「乳（チチ）」は決して「牛乳（ギュウニュウ）」ではない，と覚悟しなければならない。つまり，「ギュウニュウ」も「ウシ」も「チチ」も単一語なのだ。

　「国宝」も同じで，「国（クニ）」も「宝（タカラ）」も「国宝（コクホウ）」もみなそれぞれ，単一語だ。以上，(1)Ｎ＋Ｎの場合を見た。

　上述のことに関係するが，答えの末尾に「訓読みのものばかりで，音読みのものがないことに気づく。」とコメントした学生がいた。しかもその答えはすべて正解だった。もちろん複合語には，たとえば「環境汚染」や「大衆芸術」のように，音読みの語も存在するのだが，このＮさんの答えた範囲からは「すべて訓読み」という結論が得られても，それはそれでさしつかえない。彼女の答えの中に「宝物」という語があったが，これは「ホウモツ」ではなく「タカラモノ」と発音していることが，その注記から分かる。

　また，(1)Ｎ＋Ｎで「山道」には「ヤマミチ」，(7)Ａ＋Ｎで「長雨」には「ナガアメ」とルビを振って答えた学生もいた。このＷさんも仮にこれらを「サンドウ」や「チョウウ」と読んだとしても，それではここでの解答にならないことを

心得ている。

　誤った答えへの発想として，次に(2)N＋Vの場合を見る。ここに，「雪崩」や「師走」という記入があったが，これは察するに「雪が崩れる」から「雪崩」，「師が走る」から「師走」というのだろう。「雪崩」とは実際「雪が崩れる」ことだが，「ナがダレる」ことではない〔実は，語源説のひとつに「ナ」＝「雪」という仮定を立てる人もいるようだが，その証明は今のところされていない〕。そして「師ハス」の「ハス」は連用形ではない。上のような答え方をした人は，きっと，構成要素となっている文字とその意味を優先し，「ナダレ」「シハス」という発音を後回しにしたのだ。

　以上で分かるとおり，発音だけから出発して終点へ行こうとするのか，文字や意味を先立てて進むかで，大きく違った結果に到ることになる。以下の例は(3)から(9)の答えとして不都合なもの，誤った回路を経て出てきたものである：

(3)　N＋A：　虚無，身長，健康美，意味深。
(4)　V＋N：　有罪，殺人，読書，盗塁，登頂，卒業，動物。
(5)　V＋V：　消失，決定，学習，誤診，試着，呼称。
(6)　V＋A：　困難，滅多，寝不足，膨大，失速，過多。
(7)　A＋N：　小品，美人，大失敗，深海，強風，短足，熱湯。
(8)　A＋V：　遠投，確定，速読，優勝，清掃，多恨。
(9)　A＋A：　暗黒，善悪，寒暖，長短，早速，遠近，稀少。

以上の組合わせのうち，この設問の出題者がそのヒントに記したとおり，(6)V＋Aと(9)A＋Aの正答数が少なく，ただ後者には，苦しまぎれと言えそうな，上掲の音読みの答えがかなり高頻度で見られた。一方，(3)N＋A，(5)V＋V，(8)A＋Vは，誤答率が低かった。

2－2.　語の認定に関わる諸問題

　前節では，問題文中の一次結合のみを扱うという約束を理解していないことに関して，文字を中心に見たが，一方，語の結合度の把握方法を間違えている学生

も結構いる。たとえば「駆け込み乗車」「走り幅跳び」「折り畳み傘」「気配り上手」などの答えだ。これらは三つの要素の結合だから一次結合とは言えない。つまり、問題文中に、一次結合とは、二つの要素だけの結合だ、と指示されていたのを無視しているのだ。

　だが、平均的日本語話者の日常の語感では「駆け込み、幅跳び、折り畳み、気配り」はすでに、2語の意識がないと見る方が素直だろう。それでも、出題者の意図に照らせばやはり、その日常素朴な語感は別扱いにする必要がある。なお「取られ過ぎ、切られ損」の抱える問題については、本章末尾「4.母語話者の感覚」で述べる。

　さて「ハナビ(花火)」「ヤオモテ(矢面)」などは、元来は複合名詞だったが、現在の語感では単一語である。つまり、複合名詞の検討は、時間の流れに則して見る通時的な見方ではなく、共時的(synchronic)、すなわち時間の流れを断ち切った時点での見方でなければならない。この観点も学生にとっては未知のものだ。

　最後に、もちろん設問からははみ出した、しかも、しばしば妙な所に配当されている、次のような答えにも触れておく必要があるだろう：

① 「そぞろ歩き」を〈ソゾロの＋アルキ〉と分析したらしく、そしてその「アルキ」は名詞と認定して、(7)A＋Nに入れた学生がいた。設問では、動詞連用形と名詞はまだ別の範疇に入れている点に注目すべきだったのだが。

② 「独身」を(7)A＋Nに入れた人がいた。この語は〈ヒトリ＋ミ〉で「ドクシン」と判断すれば、(1)N＋Nの誤った答えになるものだが、この人は〈ヒトリの＋ミ〉と解釈したらしい。つまり、日本語の形容詞という品詞を逸脱して、修飾語(modifier)と被修飾語(modified)の関係で捉えてしまったのだ。①の「そぞろ」も同じだ。

③ 「薄暗さ」を(7)A＋Nにではなく、(9)A＋Aに入れた者がいた。一見よさそうだが、これは〈ウスイ＋クライ〉と意識しているのだ。答えの中の「さ」の存在に疑問をもつべきだった。また、「暗さ」それ自体が複合語ともとれるのだが、そのことに気づくのは難しすぎるだろう。

④ 「見苦しさ」を(4)V＋Nにではなく、〈ミル＋クルシイ〉と判断したらし

く, (6) V＋Aに入れた人がいた。この発想経路も上の「薄暗さ」と同じである。

⑤ 「明日」という語を「アケタ＋ヒ」と解釈したらしく, (7) A＋Nにいれた学生がいた。「アス・アシタ・ミョウニチ」のうちのどの音を念頭において答えているのか聞いてみたい。文字と意味だけに集中しての答えであることは間違いない。

以上概して, 品詞を的確に認定できない答えが目立った点にも言及しておく必要がある。このことは, 母語話者にとって, ここでは日本語話者と言ってもいいのだが, 品詞の境界線の認定は容易なことではない, という一般論を裏書きしている。この点についても, 後述「4. 母語話者の感覚」で再説する。

2－3. 解決への近道

以上, 文字依存・意味依存の結果が誤った答えを生み出すのだと説明すると, 学生たちは, 発音尊重路線が結論へ直行する最善の手段だ, とそろそろ分かってくる。そこで, 大変適切な方法として次のものを紹介する。それは, 先に記した「タカラモノ」と訓読みした場合や「山道」にルビを振ったものをも含めるのだが, さらに, 最終点へ直行型の思考経路をも答えの文面に出してくれている, 次のような場合である：

(5) V＋Vの所に――「作る」＋「笑う」→「作り笑い」
(7) A＋Nの所に――「白い」＋「熊」→「白熊」

のように, 単純語(simple word)ないし単一語(simplex)が複合語を作りだす過程を全部, この足し算方式をも一緒に記入している場合である。このOさんは早々と, (1) N＋Nの所に「複合」＋「名詞」→「複合名詞」という答えを記している。設問の文中からその適切な答えを頂戴してしまっている。

またこの人は, 複合名詞という範疇の課題であることを少々逸脱してしまって, 「名詞を修飾する場合の動詞は連体形なのだから, (4) V＋Nはありえないの

ではないか，と考えた。」のだが実際には，「読む」＋「物」→「読み物」などを若干みつけることができた，というコメントもつけている。

また，F君の答えは，みつけた複合語のひとつひとつにそれらの組合わせの方法やその来歴を分析記述している。たとえば次のようにだ：

(1) N＋Nで「手本（和語＋漢語；湯桶読み）」「瓶ビール（漢語＋外来語）」
(2) N＋Vで「人任せ（－に－）（目的＋動詞）」「金縛り（母音の変化）」
(5) V＋Vで「持ち逃げ（－して－する）」「浮き沈み（反対）」

などという具合にだ。複合語そのものや分析・記述の内容に間違いも見受けられるが，楽しんで作ったことが分かる。これと類似の答えだが，複合語の構成法を開示するための言い換え(paraphrase)や意味記入をしたのがKさんだ：

(2) N＋Vで，「里帰り（里へ帰る）」「目隠し（目を隠す）」
(3) N＋Aで，「色白（色が白い）」「身軽（体が軽くて動きやすい）」
(9) A＋Aで，「遠浅（岸から遠くの方まで浅いこと）」

などがそれである。また，意味範疇の関連項目を，(2) N＋Vの部分だけだが，ひとまとめにしたのがI君の答えだった。ここで「日本の行事」と記し「もちつき，たこあげ，はねつき，豆まき，盆踊り」，また「運動会種目」として「綱引き，玉入れ，棒引き，玉転がし」，「料理食べ物」として「玉子焼き，梅干し，野菜炒め，大根おろし，大和煮」を列挙していた。このような列挙法による答えから，関連語彙が共通の造語法によってできる場合のあることを知ることができる。

3. 適例の提示 ―― 左馬や根開きなど

学生が仕上げたものを回収し，その内容の適性度に応じて分類し，彼らに解説をする方へと作業を進めるのだが，何よりもその出発点で，複合名詞(compound noun)とは何か，その定義を確認しておく必要がある。そのために，次の2点を確認事項として学生に提示した：

● 第2章　複合語

① 　語彙的意味(lexical meaning)を持つ自立単位2個から成るもの(例：腕時計)
② 　または，そのひとつが非自立単位であるもの(例：酒屋)〔「屋」は独立しては用いられない。このような非自立単位を含む語は，複合語ではなく，派生語(derivative [word])とみる分類の仕方もある。〕

　この「腕時計」は[ude + tokei]だが[udedokei]と連濁の現象が見られるし，「酒屋」は[sake + ya]だが[sakaya]という母音交替(Ablaut, gradation)の現象が観察される。そして，このような現象は複合語の形成に際しては許容されることを説明し，彼らの日常の言語感覚・日本語感覚から首肯される語感を確認させ，類例をさらに追加した。

　この「酒屋」に対して「甘酒屋」は[amazakeya]とまた別の発音をすること，「春」＋「雨」からなる語「春雨」は[harusame]と発音し，余分な音Ｓが介入すること，これと類似の現象としては，「村雨・小雨・真っ青」などがあること，どうやら，このＳ音の挿入は「母音の連続を避けようとしたものと見られる。」(山口明穂他『日本語の歴史』，p.13) らしいのだが，「青」に対して「さ青」という語がすでに『万葉集』(十六，3889) にあるのだから「挿入のＳ」というだけでは十分ではなさそうだ，「真っ青」の場合は，「さ青」に「真」が付いたのかもしれない，ことなども追加説明した。

　なお，答え手が母語話者でない場合，この辺がかなり厄介になることは十分に察しられることだ。第1章の冒頭で紹介したＳ君もそうだった。「日本語を母国語として持っていない僕にとっては，合成を思い浮かばすのがかなり難しかったのですが，これでよろしいのでしょうか。」(原文のまま)と書き出して彼は取り組んだ。ただ，彼は出題者の「複合名詞」という限定を離れて複合された結果の動詞や形容詞を探したため，かえって困難になった面もあった。つまり，(4)Ｖ＋Ｎでは「下り電車」などと適切に答えているのに，動詞の連用形や形容詞や形容動詞の語幹を対象とするのではなく，たとえば，(5)Ｖ＋Ｖで「さし出す」，(6)Ｖ＋Ａで「読みづらい」，(9)Ａ＋Ａで「細長い」など，合成された動詞や形容詞・形容動詞の終止形を見つけだそうと考えたのだ。この視点のズレでかえって作業が困難になってしまったものがあった。

もちろん，その敢闘は大いに称賛に値する。先に紹介したような誤った答えを提出した，日本語を母語とする学生もいるのだから。
　さてもうひとつ重要な点だが，複合名詞の検討に先立ち，そもそも名詞(noun)とは何かを確定しなければならない。だが，それに深入りしては大変なので，ここではただ「格助詞のガに先立つことができる語」として，先に進むことにした。この解説だけでも，「名詞とは事物の名を表わす語」などと心得ていた，あるいはその程度にしか，かつて学習して来なかった人にとっては，言わば「目から鱗」の僥倖であったらしい。
　ここまで来てやっとゴール間近だ。私なりに別途編みだして一覧表として学生に配付したプリントが次のものである：

　　以下に好ましいと思われる具体例を若干列挙するが，特に＋Aの所などなお検討の余地はある。
　　和語・漢語・洋語の種々の組合わせからまだ適例は出てくるだろう。
　　具体例に先立って言えば，(1)N＋Nは極端に造語力が強い。そして，(5)V＋Vには，相撲の決まり手（おしだし，つきおとし，など）や株式用語（寄り付き，持ち合い，など）で和語系の造語が多く見られる：

(1)　N＋N：　雨水，歌声，噂話，女心，髪型，紙袋，川魚，坂道，手鏡，鳥籠，夏服，春雨，筆箱，水枕，指輪，気象情報，言語学，時刻表，前期試験，全国大会，天気雨，杉花粉，月明かり，たぬきそば，ペン字，ゼミ合宿，缶ビール，歯ブラシ，銀行マン。

(2)　N＋V：　嘘つき，絵描き，肩凝り，川下り，首飾り，事始め，猿回し，字余り，力持ち，手作り，歯磨き，腹ごしらえ，昼休み，骨休め，山開き，雪解け，湯飲み，家族ぐるみ，現金払い，高給取り，ゴム跳び，タイル張り。

(3)　N＋A：　意地悪，裏白，気長，口（交際）下手，手軽（短），年若，腹黒，身重，割（物価）高，ドル安，威風堂々。〔ここで「口（交際）下手」は「口下手」と「交際下手」を重ねた書き方。以下同。〕

(4)　V＋N：　言い訳，押し花，書き順，利き酒，殺し屋，捜し物，忍び足，すり足，包み紙，跳び箱，流し素麺，逃げ水，飲み薬，話し言葉，老け役，干し

● 第2章　複合語

　　　草，巻き紙，茹で卵，読みがな，笑い上戸，消しゴム，投げキッス，よろめきドラマ。

(5)　V＋V：　開け閉め，売り尽くし，押し出し，思い過ごし，着痩せ，汲み上げ，狂い咲き，立ち泳ぎ，騙し合い，使い走り，飛び込み，取り扱い，泣き笑い，なぐり書き，量り売り，轢き逃げ，召使い，申し合せ，行き止まり，呼び出し。

(6)　V＋A：　切れ長〔の目〕，おだて（聞き，話し，褒め）上手，話し下手，望み薄，出来高。〔ここで「切れ長〔の目〕」という書き方は「切れ長」という複合語は「の目」という表現につながることを示している。〕

(7)　A＋N：　赤鉛筆，甘党，薄明かり，うるさ型，嬉し涙，軽石，暗闇，黒髪，渋柿，凄腕，高潮，近道，長話，苦虫，恥ずかし気，早足，深緑，細面，弱虫，若者，悪口，黒ビール，安ホテル，多様性，にわか雨，無駄足，やんちゃ娘，わんぱく小僧。

(8)　A＋V：　厚着，薄曇り，嬉し泣き，遅出，苦し紛れ，ずる休み，高飛び，遠回り，長生き，苦笑い，早起き，深読み，太巻き，安売り，若作り，悪のり。

(9)　A＋A：　甘辛，薄赤，薄鈍，白黒，遠浅，細長，高低（たかひく），近近，青青，長長，馬鹿丁寧（正直），有難迷惑。〔もちろん，「近近，青青，長長」などは「近々，青々，長々」と書くのが通例である。〕

　以上が好ましいと思われる具体例の提示であったが，先にも述べたように，特に＋Aの所などなお検討の余地はある。

　次にもう少し類例を記す。今度の目的は，やや古風な語，あるいは，専門語風な語，方言らしい語の摘出であり，これによって，やはり，特に＋Aの所には適例を見出しにくいことの確認をしようと思う。手元の一般の日本語辞典にあたって，その項目がない場合に「各辞なし」と記した。項目を採録している辞典は，書名を略記して，その都度記した。採録の状況がよく分かると思えるので：

(1)　N＋N：

　　彼岸壺［ひがんつぼ］〔＝骨壺の異称。〕（各辞なし）

左馬［ひだりうま］〔＝焼物師が窯を作って最初の作品を焼きあげた時にその記念の引出物にする茶碗・湯飲み茶碗。器の側面に「馬」の字を逆向きに書きつける。以上2項，陶工清家久師の御教示による。〕（各辞なし）

　　　用心口［ようじんぐち］〔＝雨戸の非常口。樋口一葉『われから』，p.214。〕（各辞なし）

　　　欲日［よくび］〔＝「四万六千日・千日参り・六千日さま」などとも言う。七月十日に浅草観音に参れば，四万六千日参拝したと同じ功徳が授けられるという，その日のこと。金田一春彦『ことばの歳時記』，p.225。〕（各辞なし）

(2)　N＋V：

　　　根開き［ねびらき］〔＝春先になると木の熱がその周辺部の積雪に伝わって，雪が溶けだすこと。〕（各辞なし）

　　　花ごもり［はなごもり］〔＝花が人目に隠れて咲く様子，咲くことを意味する，樋口一葉が自作の題名とするための造語。作品では，恋をあきらめ，田舎にひきこもろうとする主人公の生き方の象徴。〕（各辞なし）

　　　火なぶり［ひなぶり］〔＝火遊び。今西錦司『自然学の提唱』，p.17。〕（『大阪ことば辞典』『学研』『広辞苑五』『日本国語』にあり）

　　　雪迎え［ゆきむかえ］〔＝晩秋，静まり返った真っ青な空に細い蜘蛛の糸が流れる現象。〕（『広辞苑五』『大辞林二』にあり）

(3)　N＋A：

　　　根性悪［こんじょわる］〔＝根性の悪いこと（人）。『上方語源辞典』〕（『日本国語』は「こんじょうわる」で）

　　　根深［ねぶか］〔＝京都の「ねぎ」に対し大阪は「ねぶか」。『上方語源辞典』〕（『学研』『言泉』『広辞苑五』『大辞林二』『日本国語』にあり）

(4)　V＋N：

　　　起糊［おこしのり］〔＝浴衣など水洗いしたままなのに，前につけた糊が復活してしゃきばること。『上方語源辞典』〕（各辞なし）

　　　抱え扇［かかえおうぎ］〔＝能の所作の一。右手に持って広げた扇を左肩の辺りに

当て右上または右下を見る。やや狭い風景を見つめる型。『能・狂言事典』)(『言泉』『広辞苑五』『日本国語』にあり)

涸れ滝 [かれだき] 〔＝平常は水流のない滝。丹沢山塊では涸れ棚という。『山歩きのための山名・用語事典』〕(各辞なし)

招き扇 [まねきおうぎ]〔＝能の所作の一。右手に持って広げた扇を上げて招く。『能・狂言事典』〕(各辞なし)

(5) V＋V：

刈り払い [かりはらい]〔＝登山コース上の伸びた笹や茅を刈る作業。または道の改修作業全般。下刈りともいう。『山歩きのための山名・用語事典』〕(『大辞林二』には「かりはらい」で造林用語として，『日本国語』には「かりはらう」で一般用語としての語釈のみ)

申合せ [もうしあわせ]〔＝能・狂言の公演に先立って行なわれる，上演演目についての各役の打合せ。『能・狂言事典』〕(『学研』『言泉』『広辞苑五』『大辞林二』『日本国語』にあり)

よびつぎ [呼継]〔＝壊れた陶器の破片を寄せ集めて継いでひとつの形に仕上げたもの。白州正子『風姿抄』, p.10。〕(『大辞林二』『日本国語』など，接木法の用語としてのみ)

(6) V＋A：

(7) A＋N：

甘藻 [あまも]〔＝海水生の多年草。リュウグウノオトヒメノモトユイノキリハズシ。〕(『上方語源辞典』『言泉』『広辞苑五』『大辞林二』『日本国語』にあり)

黒木 [くろき]〔＝主としてマツ，トウヒ，ツガ属など常緑の針葉樹，またはその常緑針葉樹林をいう。『山歩きのための山名・用語事典』〕(『広辞苑五』にあり)

遠足 [とおあし]〔＝安政年間，安中藩で下級武士の鍛練のため，中山道を碓氷峠まで走らせた。日本マラソンの発祥と言われる。〕(各辞なし)

早鼓 [はやつづみ]〔＝能で，アイがあわただしく登場する場面で奏する急調子の囃子事。『能・狂言事典』〕(『言泉』『広辞苑五』『大辞林二』『日

本国語』にあり）
(8)　A＋V：
　　　遅駆[おそがけ]〔＝時刻に遅れること。遅い時刻に何かをすること。〕(『上方語
　　　　源辞典』『日本国語』にあり)
　　　高なぐれ[たかなぐれ]〔＝相場が一層高くなろうとしていたのに急に低落する
　　　　こと。〕(『上方語源辞典』『日本国語』にあり)
　　　高巻き[たかまき]〔＝沢登りで，滝や岸壁などの通行困難な場所を避け，遠回
　　　　りして高い山腹を通ること。『山歩きのための山名・用語事典』〕
　　　　(『学研』『言泉』『広辞苑五』『大辞林二』『日本国語』にあり)
(9)　A＋A：

　『能・狂言事典』が「抱え扇」と「招き扇」を収録しているのは，専門事典として当然だが，一般の日本語辞典では「抱え扇」は収録しながら「招き扇」は入れていない。しかも，辞典Aに採録されている語は辞典Bにも採録されている，辞典Aに採録されていない語は辞典Bにも採録されていない，という場合が多いようだ。辞書編纂上の，専門用語の扱い方や見出し項目の立て方などに対する問題提起になるように思える。
　今西錦司『自然学の提唱』に「さきほど述べた測量技師が，どんなふうにまむしを調理して食べていたのか，聞きもらしたが，どうせ山小屋のことであるから，串に刺して，囲炉裏ばたで焼きがらす程度であろう。私もこのようにして焼きがらしたものを食ったこともあるし，(…)。」という表現がある (p.153, 下線引用者)。この表現から，「焼きがらし」という名詞形の出現の可能性はすぐそこにあると言えよう。出現すれば，それは，(5)のV＋Vに属することになる語である。なお『日本国語大辞典』では，「やきからす【焼涸す】」という形で立項している。意味は「焼いて水分をとりさる。焼いてひからびさせる。」と記されている。
　さて，以上で分かるとおり，＋Aのところの例がみつからない。もっとも，「メジロ・ホオジロ・ホオアカ」と小鳥の名を上げれば，さらに，かなり歴史の浅い「ネアカ・ネクラ」などと上げていけば，(3)N＋Aの所は増える。「ネアカ」と「ネクラ」は1986年刊の『言泉』がすでに立項しているが，1988年刊の『大辞林第

一版』はまだ収録していない。1995年刊行の『大辞林第二版』になって採録している。『言泉』より10年以上前に刊行された『日本国語大辞典』にはもちろん入っていない。1998年刊の『広辞苑第五版』でも採録していない。〔もっとも，これらの語は最近ほとんど使われない？　後に，10名ほどの学生にたずねてみたが，半数がこれらの語を知らないと答え，知っていても自分では使ったことがないという答えだった。〕

4. 母語話者の感覚 ── 取り過ぎと取られ過ぎ

　以上，「1.日本語の複合名詞の探索」から「3.適例の提示」で，複合語の問題とその結論へ到達するまでの経過をみた。これらの考察を終えるにあたり最後に，私には重要と思える観点を若干指摘しておきたい。

　先に「2−2.語の認定に関わる諸問題」の書き出しで一言触れたが，この複合語のアンケートに関して学生A君から，「取られ過ぎ・切られ損」などの組合わせはどうか，という質問があった。一次結合のみを扱う，というルールが理解できない学生も結構いる，と先にも記したが，こちらのA君のこの質問は別な問題をはらむ，と私には思える。

　彼の質問の中核には，「取られ過ぎ・切られ損」を〈トル＋ラレル＋スギル〉や〈キル＋ラレル＋ソン〉と分析する方が好ましいのか，〈トラレル＋スギル〉や〈キラレル＋ソン〉と分析する方が好ましいのか，という考えがある。なるほど，前者ならこの設問の制限枠からはずれるが，後者なら枠内のここでの答えになりうる組合わせだ。そして，この2通りの分析のどちらにも一理ありそうに思えるので，彼は質問してきたのだ。と言うことは，母語話者の自然な感覚で両方の分析ができたということだ。この母語話者の自然な感覚を，まず，次のような語形変化表の中で眺めてみよう：

〈取ル〉のグループ

tor-u	tor-i-sugi	tor-i-zon	tor-i-kata
tor-areru	*tor-are-sugi*	tor-are-zon	tor-are-kata

〈切ル〉のグループ

| kir-u | kir-i-sugi | kir-i-zon | kir-i-kata |
| kir-areru | kir-are-sugi | *kir-are-zon* | kir-are-kata |

　A君のあげた形はイタリック体にしておいた。上にカタカナで記した際には，〈トル＋ラレル＋スギル〉は3個の組合わせ，〈トラレル＋スギル〉は2個の組合わせのようだったが，こちらのローマ字表記，つまり，発音表記の場合には，tor-are-sugi も，tor-i-sugi も，その要素は3個だということが分かる。

　これは〈語幹＋能動語尾 -i-（あるいは受動語尾 -are-）＋「過ぎ」〉から構成されている，と言える。〈る〉ではなく -u，そして〈られる〉ではなく -areru の次元で捉えることにするのだ。たとえば〈切られる kirareru〉は，ki + rareru ではなく，kir + areru である。それはたとえば〈書かれる kakareru〉が，kaka + reru などではなく，kak + areru に基づいているのと並行して言えることだ。

　これらの分析から言えることはこうだ——〈トル〉や〈キル〉が能動形の基底形なら，〈トラレル〉や〈キラレル〉は受動形の基底形だ。こう理解するから，〈トラレル〉や〈キラレル〉は，形態論的にはともかくも意味論的には，それ以上は分割が不可能なのだ。A君もそのように意識しているが，まだ整理がつかずに質問に来たのだろう。〈トラレル〉が〈トル＋ラレル〉から派生したようには見えても，その〈トラレル〉はもはやひとつの意味単位をなす，つまりは基底形なのだとみている。

　これが母語話者の自然な感覚による解釈なのだ。だから彼の質問は大切な視点を提供してくれている，と私には思える。彼への私の答えは，以上のような観点にも彼の目を向けさせることになったと思うのだが。

　また，母語話者の自然な感覚と言えば，「白ワイン」を(1)N＋Nに属するとした者が2名いた。そのうちのT君は，これは(7)A＋Nに入るのかどうか，との迷いを併記していた。私の自然な語感では，(7)A＋Nのグループだ。だが，品詞(parts of speech)の一方の範疇に強引に組みこんでしまうという立場でこの語を取りあげた場合に，形容詞語幹なのか名詞なのか，と議論にのぼることになる類の境界線上の語であることは確かだ。「白」と「白い」のどちらを基底とするかというこ

●第2章　複合語

とでもある。はじめに品詞あり，でよいのかどうかということでもある。

　先に「白い」＋「熊」→「白熊」という答え方を紹介した。このように「白」をはっきり形容詞語幹だと認識している母語話者もいる一方で，「白」は名詞に属するのかどうか迷っている母語話者もいる，という点が逆に品詞論の根底に対して雄弁な問題提起をしているのだ，と私には思える。つい先ほど名詞とは何かについて深入りしては大変なことになると述べたが，それはここで言っていることにも関係してくる。なお，「2－2.語の認定に関わる諸問題」の③④で触れた「薄暗さ・見苦しさ」もここに関わる。

　いよいよ最後になって，あえて記しておきたいのだが，すべて正しい答えを出しながらも，その末尾に「課題の意味をとり違えていたらすみません。」と断った学生が1名いたことだ。この，Hさんの感想・つぶやきは，母語話者が常の言語表現においてはあまり意識しない，表現の単位としての，語・単一語・語の複合・一次結合・語の品詞への帰属など，品詞論や語の形成論に関わる問題の手ごわさを逆にあぶりだしている，と私には思える。

　母語話者にとって，第1章「1.接尾辞・接頭辞」の冒頭の「古っぽい」が許容される語かどうかの判定も，一にここにかかっていると，私には思える。コトバを換えて言えば，ここでの複合語の設問自体が，母語話者の日常の言語生活へ激しく内省を迫るものであったのだ。

　日本語を母語とする者にとって，語の範疇つまり品詞分類，及び，文法用語の適切な使用方法が苦手であることなどについては，拙著『コトバの原風景』の84－5及び115－6ページで述べておいた。そこでの記述は，こちらにもまた適用可能である。

第3章　語と音・綴・義

1. HOMOPHONE は同音異義語か同音異綴語か？—— コウモリの話

　まず，次の文を読んでみよう。これは，1955年夏，アフガニスタンの奥深く，モゴール語を話すモゴール族を探し求めて入った京都大学探検隊の一員の旅行記の一部である：

　　対岸の段丘の，草生えの乏しい斜面に，黒いコウモリのような遊牧民のテントが，小さく，点々とならんでいるのが見える。　（梅棹忠夫『モゴール族探検記』，p.25）

　ここでの「コウモリ」とは，「蝙蝠」すなわち，bat, あの哺乳類翼手目の動物を指しているのか，あるいは「蝙蝠傘」すなわち，umbrella, 雨具を指しているのか？「コウモリの翼のような黒いテント」か，「コウモリ傘を広げたような黒いテント」か？〔今日では「カサ」としか言わないだろうが，かつては「唐傘」と区別するために，「コウモリ（傘）」と言った。「洋傘」とも。当時「カサ」とだけ言えば，総称であった。〕

　実は，読み進むと，「コウモリが翼をひろげたように，（…）」という描写があるのだが(p.80)，最初の出会いでは，batとumbrellaのどちらのイメージを選べばよいか，決め手はない。〔もちろんここでは，「コウモリガサとは，コウモリが翼を広げたその姿の連想からできた語である。」などという語義形成に関する知識は何の役にも立たない。〕

　さて，語は音(phone)と意味(sense)〔意義(meaning)〕から成り立つものであり，またそれを文字(letter)〔字(graph)・綴り(spelling)〕として記すこともできる。

　そして，　(a) 音は同じでもその意味か文字の異なるもの
　　　　　　(b) 文字は同じでもその音か意味の異なるもの
　　　　　　(c) 意味は同じでもその音か文字の異なるもの，などがある。

　上の「コウモリ」は，音も文字も同じだが，その意味は違うものを指していて，読者である私をまごつかせた。書き手には，現実の「遊牧民のテント」と翼を持っ

● 第3章 語と音・綴・義

たあの動物の姿がダブっていて,傘のことなど念頭にはなかったのだろう。しかしここまで読んできたばかりの読者には,その辺のことは分からない。読者も,この遊牧民のテントはモンゴル型の円形ではなく,アラビア型の長方形に近いということが後方に掲載の写真で分かり（pp.32－3；80－1）,やっと,傘のイメージから解放される。

さて「小人閑居して不善をなす。」とは,『中庸』『論語』『孟子』などと共に儒教の経典で,合わせて四書と言われる『大学』に記されているのだが,今では日常よく使われる諺ないし格言の類とみてもよいだろう。小人物は暇があるとろくなことをしない,と言っている。「彼は閑居して不善をなす。」も「彼らは閑居して不善をなす。」も両方とも成立可能だが,上の場合の「小人」は一般論として一人一人のことを言っているのだ。つまり,単数だろう。

ところで,小人は閑居するだけではなく,「群居」もするようで,だから,「小人群居して不善をなす。」のも真実のようである。この場合の「小人」はもはやまぎれもなく複数である。それは「彼らは群居して不善をなす。」は成立するが「*彼は群居して不善をなす。」とは言えないことからも分かる。それ自身の音はひとつ,綴りもひとつながら,文脈の中で意味は,単数と複数の二つに,この語は自然に使い分けられている。その点で,上の「コウモリのようなテント」の例に類似共通した側面をもっている。

雑談をしていて,ある話題の中で,あるマチの名が出た。「モリヤマ」という名であった。それが私には「森山」と表記される土地のように思えたのだが,思いあたる土地はない。そのうちふと,「守山」という漢字が脳裏に浮かんだ。その名なら滋賀県のあの「守山」であると,判然とした。そして話題の脈絡の中にうまくおさまってくれた。音以上に文字に支配されているから,適切な文字に出会わないと文脈が釈然としないということになるのだと思われる。

先ほどの「コウモリ」は「蝙蝠」と書かれても,二つの意味の一方を選べずにまごつくはずだ。今度の「モリヤマ」は音は同じだが,文字がピタリと添わなくて,それゆえに,意味するところがひとつに定まらなくて困った例であった。

語彙の研究においては,これら音・文字・意味3者の組合わせの種々相を,西欧の伝統的言語学では,homophone, homograph, homonym, heteronym, synonym, antonym などの用語を当ててきた。

　これらの用語それ自体と，それらに対応する日本語の中にある問題に関して，考えてみよう。

　その問題点を明確にするために，まず，上の英語とそれに対応する日本語を対照させてみる。下の(1)は1980年刊の訳本『ラルース言語学用語辞典』での訳語，(2)は1988年刊の『現代言語学辞典』での訳語である：

[I]	homophone	(1)同音異義語	(2)同音異綴語
[II]	homograph	(1)同綴異義語	(2)同綴異義語
[III]	homonym	(1)同形異義語	(2)同音異義語
[IV]	heteronym	(1)異根同類語	(2)同綴異音異義語
[V]	synonym	(1)類義語	(2)類義語
[VI]	antonym	(1)反義語	(2)反意語

　なお，G. YULE 著 The Study of Language の訳書『現代言語学20章 —— ことばの科学 ——』(今井邦彦・中島平三訳)は，1987年に出たものだが，その136ページの「意味論と語用論」と題する章で homonymy に対して「同綴同音異義性」という三つの要素を明記する訳を与えていることを紹介しておく。

　上の『ラルース言語学用語辞典』や『現代言語学辞典』での扱いに対して，それよりも後の1996年に刊行された『言語学大辞典』の扱いは，大いに異なる。そのことを以下に列挙してみる：

[I]	homophone	（採録セズ）
[II]	homograph	同字異語
[III]	homonym	同音異義語，同音異語，同音語，類音語，ホモニム
[IV]	heteronym	（採録セズ）
[V]	synonym	同義語，類義語，同意語
[VI]	antonym	反義語，対義語

これらはみな,『言語学大辞典』第6巻『術語編』の巻末の欧文索引から抜き出したものである。複数の日本語訳が列挙されているものは,そのうち最初の用語が『術語編』の本文中での見出しに採用されていて,2番め以降は立項されていないようだ。なお[I]の homophone と,[IV]の heteronym は,巻末索引には見当たらないので,「採録セズ」と記しておいた。

なお,『ラルース言語学用語辞典』や『現代言語学辞典』には見られなかった heterograph が『言語学大辞典』では「異字同語」という日本語で採録されていて,「同字異語(homograph)」の方へ参照指示がなされている。

この『言語学大辞典』では,[III]の homonym が「同音異義語,同音異義語,同音語,類音語,ホモニム」と五つ,[V]の synonym が「同義語,類義語,同意語」と三つ,[VI]の antonym が「反義語,対義語」と二つの訳語を記すなど,[II]の homograph が「同字異語」ただひとつしか記さないのと対照的である。何よりも,これは学術用語なのだから,ひとつの英語にひとつの日本語が対応してよさそうなものだ。多種の日本語が併記されているというのは,多様な解釈がそのまま提出されているということだろう。

この『言語学大辞典』のさらに後の1997年の刊行である『学術用語集　言語学編』になると,状況はまた変わってきている。その内容を以下に列挙してみる:

[I]	homophone	同音異義語； 異つづり同音異義語
[II]	homograph	異つづり語
[III]	homonym	同音異義語； 同つづり同音異義語
[IV]	heteronym	同形異語； 同つづり異音異義語
[V]	synonym	同義語
[VI]	antonym	反意語

『ラルース言語学用語辞典』『現代言語学辞典』『言語学大辞典』のうち,音・綴・義の三次元を示す用語は『現代言語学辞典』に一回あっただけだが,この『学術用語集　言語学編』では[I] [III] [IV]にそれら三次元の観点が採用された。この点は目新しいが,まだ在来の言い方も残されている。これは用語の革新ではなく,使

用者側の便宜に立脚しているからだろう。用語の革新なら，最善のひとつでいいはずだ。なお，「綴」ではなく，「つづり」と常用漢字表の枠を守って表記しているのは，文部省が編者に加わっているからだ。「綴」という文字は常用漢字表にはないのだ。

今ここでは，『ラルース言語学用語辞典』と『現代言語学辞典』の日本語訳の違いから出発し，その[IV] heteronym の(2)すなわち『現代言語学辞典』の「同綴異音異義語」と他の訳語の違いを考えてみよう。その過程で，上記『言語学大辞典』や『学術用語集　言語学編』の扱い方に言及する必要性も出てくるかもしれない。

2.　同形とは ── 音＝≠文字？

本論への導入として，考え方の糸口を次のような点に求めたい。西欧では言語の表記には，ローマ字（アルファベット）という表音文字(phonogram)を用いている。だが，そこでは，語というものは「同音同綴ならば同形である」という大前提が，ラテン語の現実に基づいて，存在した。その延長線上に立てば，「同形同義」に対応する「同形異義」だけが問題になりうるのである。つまり，意味の異同だけが問題になるのだ。

純粋な表音文字である限り，「同音同綴」すなわち，音が同じなら文字も同じに表記するということは当然のことである。いや，逆に言って，当然であるからこそ表音文字という概念は成立するのだ。同音同綴は，だから「1音1綴」と言い換えることも可能だ。そこで，「同音同綴」を一括して"homo-"としてきたのだった。これはラテン語の現実に照らしては正当な用語法であった。

かつては正当であった，このような音と綴りの同一視に対し，ところが，これから以下に見るように，現代西欧諸言語の現実の諸例に重ね合わせてみれば，今日におけるこれらの概念と用語の不整合性は明白である。

そして，すでに整合性を欠いてしまった用語を，そのままにして，その字面だけを日本語に訳し移したのだ。つまり，homo-を「同-」という訳語にしてきたのだ。だから，たとえばhomophoneの場合，「同音」と訳してしまうと，後はその用語の傍らに記された具体例の，現実の，ある側面にのみ焦点を絞って，つまり，あるものは，意味の面に注目して『ラルース言語学用語辞典』のように訳語「同音異義

●第3章　語と音・綴・義

語」を与え，一方，あるものは，書記の面に注目して『現代言語学辞典』のように訳語「同音異綴語」を与えてしまったのではないだろうか？

しかし，冒頭で見たとおり，語に関しては，音・綴・義の三次元で考えなければならないのだ。この点に留意した上で，なおかつ，ここで視点を大きく移してみる。

日本で，日本人によって書かれた言語学概論書の類には，そのほとんどどれにも文字論(grammatology, graphonomy)に関する章か項目がある。そして，その所でhomonymなどを扱っている。ところが，欧米の類書では，そもそも文字論という章や項目がないようだ。私の知るところでは，欧米の概論書ふうの本で文字論に言及しているのは，グリースン(H.A.GLEASON)の『記述言語学(*An Introduction to Descriptive Linguistics*)』の第25章「文字体系」と第26章「文字言語」など，ほんのわずかである。

我が国文字研究界の河野六郎(1912[明45]－98[平10])・西田龍雄(1928[昭3]－)両碩学(せきがく)も，その対談集『文字贔屓(もじびいき)』で同じ事を述べている：

　河野　これは私の偏見かもしれないけど，さっきちょっといったように，言語学はヨーロッパから出てきたので，文字というものをかなり無視しているというか，少なくとも軽く見ている。教科書などでも音論のところにちょっと付随的に書いてあるだけのものが多いですね。
　西田　そうですね。
　河野　言語学の概論で文字について独立した一章を立てているのは，グリースン(H.A.Gleason)の『記述言語学』(1955, 1961)［日本語訳 大修館書店］など一つか二つ，内容はあまりたいしたことないけれど。
　西田　「文字による記録」という章はよくありますね。ペデルセン(H.Pedersen)の『言語学史』(1962)［日本語訳　こびあん書房］は，刻文と考古学的諸発見，書記法の歴史にかなりの紙数を当てて，古代文字の発見とその研究の歴史を述べています。

（河野六郎・西田龍雄『文字贔屓』，pp.25 － 6）

ペデルセンの扱っているのは，古い時代のことである。このようなわけで，欧

米では一般には，それらは語形や意味に関する所で平行して扱われるようだ。つまり，音を扱う音声学(phonetics)や音韻論(phonology)の章では綴りを無視するのが当然のことであり，形態論(morphology)のパートでは音や綴りを越えて，その先の，語形成(word formation)や，活用(conjugation)や曲用(declension)に焦点を据えるのだが，その過程で必要に応じてのみ，音や綴りが問題にされることになる。意味論(semantics)の範疇では，意味との兼ね合いで，音や綴りが問題になってくる。このように，今問題にしているhomonymなどは，欧米の言語学概論書では，散発的に取り上げることになってしまうのだ。『言語学大辞典』の第6巻『術語編』の「文字論」の項でも同様の見解を表明している。言語学が生まれ育った欧米では1字1音を原則とする表音文字を用いるため「文字は音論に付随して述べられるに過ぎなかった。」と，この辞典も言う(p.1346r.)。

　さて，日本語のような，カタカナ・ひらがな・漢字など複数の文字を併用する社会では同一音をそれら複数の文字で表記することができるのだから，先に記した「同音同綴ならば同形である」という大前提での「同形」という概念は成立しにくい。つまり，同音・同義の表記(writing)の方法は複数ありうる〔例：リンゴ，りんご，林檎；コトバ，ことば，言葉〕。それゆえ，これらは文字論の枠内で扱うのが好ましいということになるのだ。

3. 音・綴・義の組合わせから分かること ―― 生そばはナマソバか？

　以上，文字論との関係を確認した上で，語が音(phone)・綴(graph)・義(meaning)の三次元と関わる状況を考えてみることにする。

　そこで，次のようなことを試みよう。まず，音・綴・義の異同にそれぞれ焦点を当てて，次の対立項目を設定する：

　　　　(1)　同音　A　／　異音　a
　　　　(2)　同綴　B　／　異綴　b
　　　　(3)　同義　C　／　異義　c

　これらに対応する英語は，次のとおり。なお，Cとcに出る-onymは，ギリシ

● 第3章　語と音・綴・義

ア語のónoma「名前，コトバ」に関係する：

  A = homophone a =heterophone — -phone
  B = homograph b =heterograph — -graph
  C = homonym   c =heteronym   — -onym

そして，上の(1)(2)(3)の「同／異」の2対と，「音；綴；義」の3組の概念から得られる組合わせは，次のとおり。なお，7個の漢字の羅列は大変読みとりにくいので，アルファベットを併記して弁別を容易にしよう：

  ① 同音同綴同義語(ABC) ⑤ 異音同綴同義語(aBC)
  ② 同音同綴異義語(ABc) ⑥ 異音同綴異義語(aBc)
  ③ 同音異綴同義語(AbC) ⑦ 異音異綴同義語(abC)
  ④ 同音異綴異義語(Abc) ⑧ 異音異綴異義語(abc)

さて，①の同音同綴同義語(ABC)は同語そのものだし，⑧の異音異綴異義語(abc)は音綴義の三次元のどこでも何の接点も持たない互いに無関係の語を指すので除外する。

⑦の異音異綴同義語(abC)には，いわゆる類義語(synonym)も含むことが可能だ：

 J. 美しい≒きれいな；　重要な≒大切な
 E. big ≒ large；　small ≒ little

しかし，これら類義語は，⑦の異音異綴同義語(abC)から除外する。今は類義語を論じるのが目的ではないから。

さて，日本語の「世帯／所帯」の場合，この⑦の異音異綴同義語(abC)に入れることも可能だろうが，「世帯」の方は，国勢調査や各種の統計など，公的な場面で家族数を数えるのに使われる。一方，日常生活のレベルでは「所帯」の方が多く使われる（『使い方の分かる類語例解辞典』，p.355）。つまり，これらはやはり，同

義語というよりは類義語であって，これら二つの語には使用範囲のズレがある。以上，一見⑦の異音異綴同義語(abC)に入るように見えても，それはやはり類義語として，今ここでは除外するのが好ましい。ただし，「世帯」と書いて［ショタイ］と読むこともある。するとそれは，「所帯」とともに③や④の同音異綴の系列に入ることになる。

一方，純粋な⑦の異音異綴同義語(abC)として，次のような語を指摘できそうである：

 D. Symphonie[zʏmfoníː] = Sinfonie[zɪnfoníː]「交響曲」
 It. comperare = comprare「買う」；compera = compra「買い物」

しかし，これらも使い手の語感で，好き嫌いや文体上の差異などが出てしまうだろう。そうなれば，もはやこれも類義語になってしまう。結局，⑦の異音異綴同義語(abC)はやはり類義語で，今は除外される。

普通は，残りのうち小文字のc，すなわち異義を含む，②の同音同綴異義語(ABc)，④の同音異綴異義語(Abc)，⑥の異音同綴異義語(aBc)のみを対象とする。しかし，③の同音異綴同義語(AbC)は異綴を含む同義性，⑤の異音同綴同義語(aBC)は異音を含む同義性に関して，ここでの問題になる可能性を持つので，その具体例を記すことにする。ただし，例は列挙し始めればきりがないので，できるだけ控えめに記す。なお，厳密に言えば，上で見たとおり同義語は存在せず，類義語と称するのがよいのだが，「音」や「綴」の方では「異」と「同」を組み合わせるのだから，それらと平行して「義」の方でも，便宜上「同」を使うことにする。

なお，同音だ異音だと言っても，それらは書かれた文字にのみ注目した結果である。書かれた場合ではなく話される場合には，そこに，異なるアクセント(accent)やイントネーション(intonation)など，異なる超分節音素(suprasegmental phoneme)がおのずと現れる。書かれたところから出発すれば，語を考察の対象にしている場合でも，そのアクセントは考慮の外に置かれるのが通例ではある。ひとたびアクセントの観点をも考慮に入れることにすれば，たとえば，「アツイ」という表記で「熱い・暑い・厚い・篤い」という語を一括するか，前後二つずつをアクセン

● 第3章　語と音・綴・義

トの観点から分割するかという別の問題が起こってくる。東京アクセントでは，前の二つは[アツイ]で「ツ」の次で下がるし，後の二つは[アツイ]で「ア」を低く，「ツイ」を高く発音するいわゆる平板型である。〔例：風呂が熱い・夏が暑い・化粧が厚い・病が篤い」〕

3−1.　同音同綴異義語 (ABc)

まず，②の同音同綴異義語(ABc)について，具体例を記す。なお，日本語の発音は，それで差し支えない限り，発音記号用カギカッコの中にカタカナ書きで記すことにする：

- *J.*　［ツキ］月〔「(天体の)月」と「(暦の)月」。韓国語朝鮮語の[tal]달，ロシア語の[mʹésʹəts] месяц (mesjac)も，日本語の「月」と同じく「(天体の)月」と「(暦の)月」の両方を表わす。なお，『世界のことば100語辞典アジア編』によれば，トルコ語の[ʔaj]ayや，インドネシア語の[bulan] bulanも「(天体の)月」と「(暦の)月」の両方を表わすとのこと。〕

  ［コイ］こい，コイ〔←恋，戀，鯉，故意，濃い。ただしこの類は，漢字で書けば，その多くは同音異綴異義語(Abc)なので，その時には，それらは次の④の方に組み入れられることになる。〕

- *E.*　[bǽt]　bat「棒／コウモリ」

  [béər]　bear「熊／運ぶ」

- *F.*　[pɛʃ]　pêche「桃／釣り」

  [lwe]　louer「賃貸し(借り)する／ほめる」

  [syr]　sur「の上に／すっぱい」

- *Sp.*　[píla]　pila「積み重ね／水盤」

  [látʃa]　lacha「カタクチイワシ／恥」

  [řekordár]　recordar「思いだす／〔ラ米〕記録する」

  [fue]　fue「彼は行った／彼は～だった」

- *K.*　[pʰamnida]　팝니다「売ります(＜팔다)」／「掘ります(＜파다)」

さて，上の英語のbearが名詞「熊」と動詞「運ぶ」であるように，異なる品詞の語を例として掲げることに対しては，反対意見があるかもしれない。だが，後述の「4.音・綴・義の新たな展開について」で述べるように，語だけではなく，連辞(syntagm)，すなわち，二つ以上のものがまとまってひとつの単位を作る場合も考察の対象になるのだから，品詞間にわたって類似のものを取りだすことに不都合はない。同一品詞に属する語でさえも，統語法の面では差異の見られるものがある。上例中，たとえば，スペイン語のfueは英語のHe wentとHe wasの両方の意味をもつ。つまり，前者ならその後に前置詞＋場所が来るし，後者ならその後に名詞や形容詞が来るということになるのだが，そのfue自身にのみ焦点をあてて取りだすことにする。

ここで，かつて見かけた新聞記事の見出しを紹介する(『朝日新聞』，1998.12.16)。それは，エジプトの王の墓から紀元前3300年とみられる最古の文字が発見された，という内容の見出しをまず掲げ，かつ，それに，独学者が解読，という別の見出しが続いていたのである。

記事本文を読めば，実はこの「独学者」とは，「ドイツの学者」のことである。だが，「独学者」は「独学をした人」の意味でもある。同音で同綴でも異義となるのは，この複合語は「独の学者」とも「独学の者」とも分析可能だからだ。同音同綴異義(ABc)の複合語である。本文を読まない限り，そのどちらであるかは分からない。

新聞の見出しには，こういう多義的なものが時々見受けられる。なお，考古学の世界では，1870年にトロヤ遺跡を発掘した，ドイツ人シュリーマン(Heinrich SCHLIEMANN, 1822-90)など，かつて，独学で大きな業績をあげた人々がいた。このことが，この記事を読む側の予備知識としてなんの作用もしなかったとは言えないようだ。ラジオやテレビのニュースでなら，上のような誤解は起こらない。書きコトバ専用の多義性であった。

類似の見出しをもうひとつ記す(『同上』，1999.11.9)。その記事の「子供いる教員来て」という，カギカッコつきの見出しは目に入りやすかった。その上には，岩手・岩泉，また，左脇には過疎防止苦肉の策という文字もあった。読者としての私の読みとりは「過疎地に子供がいるが教員はいない。それで，教員を求めてい

る」ということだった。しかし、この記事の内容は「こちらは過疎地で児童数が足りないから、不足を補うために、子連れで赴任できる教員を求めている」というものだった。過疎防止対策という、込み入った事情にまで通じていれば真意を見抜けたのだろうが、無医村などという語と同じレベルでの教員がいない過疎地の嘆きとしか、当方は読みとれなかった。

なお、過疎に悩む町の教育委員会が出したこの文書は、人事権は県の教育委員会にあるのだから、町のレベルでこのようなことをしては困ると、その点でも問題になったことをも伝えていたのだった。上に記した見出しの傍らに併記されたもうひとつの見出しが、県教委の指摘で撤回、というものだった。

最後に、日本語の「地階」という語について考えてみる。この語は微妙な問題をはらんでいるので、以下にまず若干の辞典の定義を記す。辞典名は略記する：

(a) 　地下に作られた階。高層建築の、地下の階。　『岩波四』
(b) 　建築物で、地面より下に設けられた階。　『新潮国語』
(c) 　〔建物で〕地下につくられた階。一階の下の階。　『学研』
(d) 　建物で、地盤面以下の階。　『広辞苑五』
(e) 　高層建築物の、床面が地盤面以下にある階。　『言泉』
(f) 　建物で、地盤面より下に設けられた階。地下の階。　『大辞林二』
(g) 　高層建築物の床面が地盤面以下にある階。　『日本国語』

以上7種類の定義は、どれも同じ内容を示しているようだし、現代の語義解釈として十分にうなづけるようである。

しかし、注目してみたいことがある。(g)の『日本国語大辞典』はその定義の後に用例として、中村汀女(ていじょ)(1900[明33]－88[昭63])の次のような俳句を添えているのだ。　───〈地階の灯春の雪降る樹のもとに〉

春の雪が降る夜のこと、歩道の樹のもとに、地階の灯がもれているのだ。地下の階でありながら、その天井は地面よりも上にある。天井までが完全に地盤面以下にあれば、地階の灯が上方から、ないし横から歩道にもれる、あるいは歩道を照らすはずがない。その辺が上の各辞典の定義では判然としない。

なお，『明解国語辞典』系には，また別の定義も記されているので，記す：

(h) ① 地下に設けられた階。② 一階。　『明解復刻版』
(i) 高層建築の，地下に作られた階。〔「一階」の意に使うこともある〕
『新明解第四版』

1943［昭18］年刊行の『明解国語辞典』〔1997［平9］年復刻版発行〕では，はっきり「②一階。」と記している。それが『新明解国語辞典(第四版)』では注記にまわされ，しかも，「使うこともある」と，少し距離をおいた言い方をしている。ということは，時の経過とともに使用が稀になったということだ。

さて，おもしろいことに，上のどの定義も天井と地盤面との上下関係には触れていない。あるいは，天井と地面とが水平でなければならないとも言っていない。というよりも，これらの辞典の定義では，天井は地盤面より上でも下でもよく，さらには両者が水平の場合もありえますよ，と言っているように解釈できないだろうか？

そうすれば，天井が地盤面よりも上に出るかどうかで別個の外見をもった建築物になるのだから，「地階」という語は，2種の意味をもった語，すなわち，同音同綴異義語(ABc)の仲間に入るということになってしまうだろう。もっとも，2種の建築様式の存在を知らない人はひととおりの解釈しか理解できないし，上の俳句の状況を察知できないだろう。先に微妙な問題をはらんでいる，と言ったのはこの点だ。辞典以上のこと，辞典に書かれている以外のことを知らない者は辞典を利用できないということだろうか？

以上のことに照らして『辞海』(1954［昭29］)のこの項目の定義は注目に値する。それはこうである：

(j) 床面が地盤面から30cm以上下(した)に設けられた階（建築物法規）。高層建築物の第一階を称したこともある。　『辞海』〔ルビ引用書〕

この定義の前半の記述，30cmという数字の明記から，前掲の句〈地階の灯春の雪降る樹のもとに〉の情景の存在が十分に推察できる。かつて，ある大学の，天

井が地盤面よりも高い地階が道に面してあって，そこを歩いていると，たとえば剣道部の厳しくぶつかり合う稽古の声が響いてくるし，さらにその先からは謡曲研究会の流暢な謡い声が聞こえてくることがあった，そんな情景を思いだす。

3－2. 同音異綴異義語(Abc)

次に，④の同音異綴異義語(Abc)について検討してみよう。日本語の中の漢語には，この例がたくさんある。日本語は中国語から多くの語彙を借用した。しかし，中国語での発音と，日本語での発音には大きなズレがある。そのようなことなどが原因で日本語には，この④の同音異綴異義語(Abc)が多く存在することになった：

J. [カンジ]　幹事／監事／漢字／莞爾
　　[キシャ]　貴社／記者／汽車／帰社／喜捨
　　[コウテン]　好天／荒天／好転／交点／公転／光点／後天／高点
　　[コショウ]　故障／呼称／古称／胡椒／湖沼／小姓／誇称
　　[サンカイ]　三回／三階／山海／山塊／散会／散開／参会／産科医
　　[セイカ]　成果／生家／青果／聖歌／聖火／正価／製菓／生花／
　　　　　　　精華／盛夏／正課／正貨／声価／製靴
　　[ソウゾウ]　想像／創造／送像
　　[ツイキュウ]　追求／追及／追究／追窮／追給

上の「好天」と「荒天」は反義語(antonym)である。発音の面は同じ[コウテン（コーテン）]だが，意味はまったく反対だ。

「散会」と「参会」も，[サンカイ]と発音は同じだが，その意味する内容や行動する方向がまったく逆である。「想像」と「創造」[ソウゾウ（ソーゾー）]も類似のことが言えそうだ。

自己紹介で，「職業はセイカ業です。」と言われても，簡単には特定できない。〔[セーカ]青果・生花と[セーカ]製菓・製靴の２グループに分かれるだろうが。〕

また「センドウ的著書」と聞いても「先導的著書」か「煽動的著書」か分から

ない。ただ，少しひねった見方をすれば，「先導」と「煽動」には一面の共通項がありそうだが。

「リョウシが遭難した」と聞いても「漁師」か「猟師」か分からない。「ユソウセンが座礁」も「輸送船」か「油送船」か分からない。もっとも，後者は今は「タンカー」と言うだろう。

かつて「言語思想論」という講義科目の準備をしようとして，口の中で「ゲンゴシソウロン」という音を何度も繰り返していると「言語史総論」という文字がひょいと頭に浮かんできてびっくりした経験が私にはある。「言語史総論」と「言語学史総論」が別であるように，「言語思想論」と「言語史総論」とはまた別である。いくら音が同じでも。

西洋の諸言語も，表音文字で表記するとは言いながら，長い歴史の中での音変化などの影響もあって，この同音異綴異義語(Abc)に属する例は多い。仮にそのような長い歴史の中での音変化などの影響がなかったとしても，限られた音で限りない語を作りだそうとするのだから，基本的に避けようがないのだが。

まず，フランス語について見ておこう：

F.   [mɛr]   mer「海」／mère「母」／maire「市(町・村)長」
   [vɛ̃]   vin「ワイン」／vingt「20」／vain「むなしい」
   [vɛr]   vair「リスの毛皮」／ver「幼虫」／verre「ガラス」／
     vert「緑の」／vers「詩句」／vers「の方へ」
   [fwa]   foi「信仰」／foie「肝臓」／fois「回」／Foix「フォワ〔フランスの，スペインと国境を接するアリエージュ県の県都〕」

最後の四つの[fwa]には，それらを組み合わせた駄洒落文がある： Il était une *fois*, dans la ville de *Foix*, une marchande de *foi*, qui vendait du *foie*, elle se dit : « Ma *foi*, c'est la dernière *fois* ... »「昔々，フォワの町に，肝臓を商う信仰篤い女商人がいました。彼女は『そうよ，これが最後なのよ…』と自分に言い聞かせました。」エンドレスでまだ続けることができそうだ。

さらにまた，[so]という音の4回の反復で作られた，フランス語のあの巧妙な地口：Un *sot* monté sur un âne portait dans un *seau* le *sceau* du roi. L'âne fit un *saut* et

● 第3章 語と音・綴・義

tous les [so] tombèrent.「さる愚か者，驢馬に跨がり，手桶に王の印璽を入れて運びしことあり。驢馬一飛びせり。かくて[so]悉く転げ落ちぬ。」

マルグリット・デュラス(Marguerite Duras, 1914-96)の小説の『イギリスの愛人(*L'Amante anglaise*)』(1967)という題名も，実は，L'amante en glaise というふうに綴られるものと音は共通している。すなわち，これは『粘土製の愛人』の意味であり，死んでしまった愛人のことである。愛人に死なれて自分も終わったと思っているのだ。

そう言えば，森鷗外（1862［文久2］−1922［大11］）の『雁』(1913［大2］)は「借り」でもあった。

以下，英語など，他の言語の場合を少し見ることにする：

 E. [fláuər] flour「粉」／flower「花」
  [ráit] write「書く」／right「まっすぐな」／rite「儀式」
  [béər] bear「熊」／bare「裸の」
  [kwí:n] queen「女王」／quean「売春婦」
  [mí:t] meet「会う」／meat「肉」
 Sp. [ámo] amo「主人」／hamo「釣り針」
  [atáxo] atajo「近道」／hatajo「家畜の小さな群れ」
  [sébo] cebo「飼料」／sebo「脂肪」

次の中国語は，音は同じだが，意味の違いを示すために，異なる文字をあえて使って，目に親切にしているのだ：

 Ch. tā「他」〔人称代名詞三人称男〕／「她」〔人称代名詞三人称女〕／
  「它」〔人称代名詞三人称人間以外〕

目に親切，という点では次のハングル表記も同じだ：

 K. [ik̚ta] 익다「熟す」／읽다「読む」

厳密には，綴りが同じか異なるかで，②の同音同綴異義語(ABc)に属するか，④の同音異綴異義語(Abc)に属するか，分類が違ってくる。そこで，これらを区別するならば，②の同音同綴異義語(ABc)のみをhomonymとするのが好ましい。しかし，かつて文字には頓着しない，というよりも，文字は無視する，という西洋文法の伝統があったものだから，現実には，この，④の同音異綴異義語(Abc)をもhomonymに含ませているようだ。つまり，homonymとは同音異義語でさえあればよい，綴りが同じか異なるかは問題にしていないという態度で関わることにしていたのだった。

3－3. 異音同綴異義語(aBc)

今度は⑥の異音同綴異義語(aBc)の場合の考察である。これがheteronymである。漢字表記，音訓読み，漢字仮名交じり文，送り仮名などの多様な表記法をもつ特性上，日本語にはこの項目のケースも多く見られるが，他の言語にはあまりなさそうだ。なお，音読みの方をカタカナに，訓読みの方をひらがなにしておいた：

J.　音　　　[オン／ね]　　　　　　寒気　[カンキ／さむケ]
　　逆手　　[ギャクて／さかて]　　工夫　[コウフ／クフウ]
　　上手　　[ジョウズ／かみて／うわて]　自重　[ジジュウ／ジチョウ]
　　数　　　[スウ／かず]　　　　　大家　[タイカ／おおや]
　　出店　　[シュッテン／でみせ]　床　　[ゆか／とこ]
　　分別　　[フンベツ／ブンベツ]　下手　[へた／しもて／したて]
　　通った　[とおった／かよった]　来る　[くる／きたる]
　　細々と　[ほそぼそと／こまごまと]　辛い　[からい／つらい]

ひとつの漢字に対する音読みの方は数が少ないが，その訓読みとなると，これはもはや際限がないと言いたくなるかもしれない。「生」を例にとると，漢音の「セイ」と呉音の「ショウ」の二つの音読みに対し，訓読みは『岩波国語辞典(第四版)』では，次の10種をあげている：

いきる	いかす	いける	うまれる	うむ
おう	はえる	はやす	き	なま

　まだ他に「ある〔＝うまれる〕」などの読み方もあり，人名となれば，これはこれで，まことに勝手にと言いたくなるほどいろいろに読ませているはずだ。『日本の苗字　表記編』(1978)に記載されている「生」を含む苗字は，100を越す。そして，同一表記で複数の読みのものも多い。

　かつて，そば屋で「ナマソバ下さい。」と注文した客がいた。「キソバ下さい。」でさえもおかしい。

　英語の例を少々あげておく：

 E. lead [li:d]「導く」／[léd]「鉛」
   close [klóus]「接近した」／[klóuz]「閉じる」
   tear [tíər]「涙」／[téər]「引き裂く」

3－4．同音異綴同義語(AbC)

　今度は，③の同音異綴同義語(AbC)の場合について考えてみよう。日本語では，当用漢字表，次いで常用漢字表の施行で漢字制限が行なわれ，表記法が変更されたこともあって，いろいろの例がここに出てくる。その際，現行の常用漢字表の字体と旧字体のどちらにするかは，使い手の癖や好み，言語観などが介入しがちである。また，本来2通りの表記法が無差別に許容されるものもある：

 J. [サクラ] 桜／櫻 [ヨロン] 世論／輿論
   [ハンパツ] 反発／反撥 [ブザマ] 無様／不様
   [メマイ] 目眩／眩暈 [ゴゲン] 語源／語原
   [シゲミ] 茂み／繁み [ハンポン] 版本／板本

　イギリス英語とアメリカ英語で綴りが異なる次のようなものをも含め，諸言語に，同音同義だが「異綴」という現象が見いだされる：

E.　[séntər]〔英〕centre /〔米〕center「中心」
Sp.　[méxiko] México / Méjico「メキシコ」〔前者がメキシコでの綴り〕
　　[sikoloxía] psicología / sicología「心理学」
F.　[kle] clef / clé「鍵」
D.　[fantazí:] Fantasie / Phantasie「空想」

　これらは語は同一だが，表記法は複数ある，とみればよいのだろう。ただ，「3. 音・綴・義の組合わせから分かること」で⑦の異音異綴同義語(abC)と類義語の関係に触れた際，ドイツ語の語「交響曲」には，Symphonie [zʏmfoní:] と，Sinfonie [zɪnfoní:]があり，使い手の語感で差異が出るということを述べた。その次元で言えば，上の「心理学」から後の表記法にも使い手の側の選択の余地は残されるだろう。

3－5.　異音同綴同義語(aBC)

　最後に，⑤の異音同綴同義語(aBC)の場合について記す。ここでも，日本語表記では，同一漢字に対する音訓の読み方が存在するので，いろいろな例をあげることができる。ここでも音読みと訓読みを書き分けておいた：

J.　夫婦　［フウフ／めおと］　　　石仏　［セキブツ／いしほとけ］
　　紅葉　［コウヨウ／もみじ］　　黄金　［オウゴン／こがね］
　　昨日　［サクジツ／きのう］　　大河　［タイガ／おおかわ］
　　工場　［コウジョウ／コウば］　梅雨　［バイウ／つゆ］
　　世論　［セロン／よロン］　　　五月　［ゴガツ／さつき］
　　春風　［シュンプウ／はるかぜ］足跡　［ソクセキ／あしあと］

　もっとも，これらの中には，音訓の読みに応じて意味範疇にズレの出るものがかなりある。たとえば，「フウフ」に対して「めおと」のように古風な語感のもの，「セキブツ」と「いしほとけ」では後者には前者の読みにはない「感情を外に出さない・口数の少ない人」のように比喩的意味があるもの，また「きのう」に

対して「サクジツ」の方が文語調であるように文体的差異のあるもの，などがあげられよう。このような意味範疇のズレを追究すれば，先に「3.音・綴・義の組合わせから分かること」で，「世帯」と「所帯」を類義語として，本稿の対象からはずしたのだから，ここでも同様の扱いが要求されるものが出てくる可能性があるだろう。

次の英語は，鈴木孝夫がその著『日本語と外国語』の146ページで日本語の音訓読みと同じ現象だとみている例である。カッコ内のはじめがその左側に記されている略字の源となっているラテン語，斜線の右側がその意味に相当する英語。この関係が日本語における漢語の音読みと和語の訓読みに似ているというわけだ：

E.　e.g. (exempli gratia / for example)「たとえば」
　　　etc. (et cetera / and so forth [on])「など」
　　　i.e. (id est / that is (to say))「すなわち」

他に，英語の語から，direct [dirékt, dáirekt]「真っ直ぐな」のような，異音だが，同綴同義の例をあげることができる。

フランス語では，次の例のように，同一の語でありながら，語末の子音に出没性の観察されるものがある。ただこれも発音に個人の好みが出るだろう：

F.　fait [fɛ(t)]「事実」
　　　mœurs [mœr(s)]「風俗」
　　　plus [ply(s)]「より多く」

ここに，スペイン語の，たとえばceやzoという綴りをあげることもできる。これらは[θe, θo]とも[se, so]とも発音可能なのだから。歯裏摩擦音の[θ]と歯茎摩擦音の[s]の違いは地域方言(regional dialect)による：

Sp.　ceja [θéxa, séxa]「まゆ(毛)」
　　　 zoco [θóko, sóko]「左利きの」

4. 音・綴・義の新たな展開 —— 曖昧語法に出会う

上の、⑤の異音同綴同義語(aBC)の項目に、pas encore [pa(z)ãkɔr]「まだ〜ではない」というフランス語の表現を加えてもよいのではないだろうか？

つまり、このような2語の間のリエゾン〔連音 liaison〕は、今まではhomonymなどの範疇に入れていなかった。なぜなら、homonymなどの考察は、語のレベルのみを対象としていたのだから。しかし、最小の表意単位をひとつにまとめてみるという観点から捉えるならば、分かち書きの1個分の語の概念は崩れてしまい、今上に引いたpas encoreの例なども考察しなければならなくなる。ということは、一般的に、連辞(syntagm)も考察の対象になるということである。

仮に、孤立した表現を対象としていると言ってみても、たとえば、スペイン語のvinoは名詞「ワイン(el vino)」〔elは定冠詞〕でもあり、また、動詞「彼は来た(él vino)」〔élは主語人称代名詞、vinoはvenir「来る」の直説法点過去〕でもあるが、文中でそのどちらを意味するかは前後関係で、おのずと決定される。名詞の出現する環境と述語動詞の出現する環境とは当然おのずと異なるのだから。だから、あるひとつの表現は、おのずとある連辞の中から抽出されているのである。以上のことは「3-1. 同音同綴異義語(ABc)」で述べたことへの補説でもある。

語のレベルのみを扱うhomonymの概念からすれば、この、連辞をも対象とする立場は、明らかに越境であるかもしれない。しかし、越境してしまえば、そうすれば、次のような例を加えることも可能になるであろう。これは⑥の異音同綴異義語(aBc)に入るべきものである：

F.　les fils　[lefis]「息子(複数)」／[lefil]「糸(同)」

これらが単数の場合は le fils [ləfis]「息子」/ le fil [ləfil]「糸」で、音だけでなく綴りの上でも、はっきり区別される。単数では異音異綴異義(abc)で、全然別の語であることは明白だ。

上に記したpas encoreを考慮の対象にすると、同じフランス語の定冠詞複数形のlesは、発音が[le]の場合と[lez]の場合〔例：les femmes [lefam]「女性たち」／les hommes [lezɔm]「男性たち」〕があるのだから、それらは、⑤の異音同綴同義語

(aBC)となる。

　ここまで来ると，フランス語の定冠詞のエリジオン〔母音字省略élision〕の場合にも類似の例が出てくるのに気づく。これらは，④の同音異綴異義語(Abc)に相当する：

　　F.　[lasimetri]　la symétrie「均整」
　　　　　　　　　　l'asymétrie「不均整」

　こうなれば，「3－2.同音異綴異義語(Abc)」の「好天／荒天」などにも共通することだが，もはや，れっきとした曖昧語法(amphibology)の分野の中に入りこんだと言えることになる。
　このようにして，いわゆる語の外へ観察を広げてゆくと，次のようなケースにもぶつかってしまう：

　　F.　[leptitru]　　les petites roues「それらの小さい車輪」
　　　　　　　　　　les petits trous「それらの小さい穴」
　　　　[lɔmkilamɛn]　l'homme qui l'amène「彼〔女〕を連れて行く(来る)人」
　　　　　　　　　　l'homme qu'il amène「彼が連れて来る人」
　　　　　　　　　　l'homme qui la mène「彼女を連れて行く人」

　この曖昧語法から，いわゆる曖昧文(ambiguous sentence)へとたどり着くのは簡単である。もうすぐである。
　なお，「文」というものに含まれる曖昧性(vagueness)や両義性(ambiguity),多義性(polysemy)などの概念については，『言語学大辞典』では，当然，区別しているが，本書では厳密な区別はしないまま先へ進む。今は，それでさしつかえないからだ。

第4章　多義文と曖昧文

1.　同音同綴異義文(ABc)と曖昧文 ────── 花嫁のつぶやき

『国語学大辞典』の「多義性」(pp.583 – 5)の項によると，ずっと以前の新聞週間の標語として，

　　新聞で汚れた国の大掃除

というのがあったそうだ。これは，字面に従うなら，きっと，
　　〈国中が新聞で汚れています。さあ，その新聞で汚れた国を大掃除しましょう。〉
と理解する方がマトモなのであって，標語に込められた真意であるはずの，
　　〈汚れた国を新聞で大掃除しましょう。〉
と読みとれというのは，日本語の統語法(syntax)への挑戦であるのかもしれない。

　今仮に，〈新聞で，汚れた国の大掃除〉と読点を入れれば，誤読も少しは緩和されるだろうが，標語は習慣的に句読点を無視するものなのだ。それは伝統的な日本語の表記に素直に従っているからでもあるだろう。「標語」とは本質的に書きコトバである。

　また，防犯協会が防犯を呼びかける標語に，

　　引き返せ母が待ってる悪の道

というのがあったそうだ。これも，素直に読んで，
　　〈そっちへ行っても無駄ですよ。さあ，母と子と一緒になって悪の道の方に邁進(まいしん)しましょう。〉
と解釈するのが賢明なようで，標語が多分要求しているはずのリズムで，
　　〈引き返せ，母が待ってる，悪の道〉
と読点を入れて，その心で読んでみても，
　　〈もう悪の道からは引き返しなさい。こちらでお母さんがあなたを待ってるの

● 第4章　多義文と曖昧文

よ。〉
という標語作者の真の意図には，まだまだ遠いのではないだろうか？

　午後六時半鐘を鳴らせ

と書かれたメモを受けた消防団員が，メモの解釈に窮した挙げ句，6時と6時30分の2回，村の火の見櫓の半鐘を叩いたことがあったそうだ。1回で済むところを2回叩けば，当然混乱が起きると思うのだが。また別の団員は，窮余の一策，中間の6時15分に1回だけ叩いたそうだ。

　休日には自然と／のーんびり

　これは，K線沿線のハイキングコース宣伝ポスターに記されていたキャッチフレーズである。ここでの「自然と」は，
　①　あのジャン＝ジャック・ルソー(Jean-Jacques Rousseau, 1712-78)の言葉「自然に帰れ(Retournons à la nature)。」に現れている，名詞の「自然」であり，この宣伝ポスターでは「自然と共に」の意味で使っているのであろう。また，その「自然と」は，さらに，
　②　副詞「じねんに，おのずと」に結びつくものでもあり，その場合には「無為に」の意味でもあるだろう。
　そして，これらを全部その中に込めているところに，この惹句・キャッチフレーズの表現意図があることは確かである。これだけの幅があるように受け取らせるところに，このポスターの価値はあるのだ。「自然と」という日本語の表現そのものが，そもそも上の二つの意味を自然と表現できるのだ。
　次は，英語のブラックジョークである。花嫁が教会に入って，つぶやく：

　"aisle「祭壇への通路」, altar「祭壇」, hymn「賛美歌」."

　かたわらにいて，この発音[ail ɔ́:ltər hím]を小耳にはさんだ者は戦慄する：

"I'll alter him!"「私は彼を変える。」

と聞いたのだった。彼女は，これからの式になぞらえて言っただけ，かもしれないのに。三つの語で一文になるところも，この話のよくできているところである。

以上，形はひとつながら，その意味するところが複数あるかもしれない表現，すなわち，ものによっては曖昧な意味をもたせることもできる表現，をいくつかあげてみた。

2. 同音同綴異義文(ABc)の分析(その1) ── ボクハウナギダ

上に記した例のうち，最後の花嫁のつぶやきは同音異綴異義(Abc)の表現だが，それ以外は，同音同綴異義文(ABc)，すなわち homonymous sentence (*phrase homonyme*) である。

なお，先に homonym について検討して，それは「同音同綴異義語」と訳すのが好ましいということになった。それとの関連から言えば，こちらも「同音同綴異義文(ABc)」である。それを自覚した上で，今は便宜上慣例に従って「同形異義文」とすることもある。

田中春美他著の『言語学演習』の 141 ページに，同音同綴異義文(ABc)に関する問題がある。ただ，そこでは「同形異義文」という言い方をしている。この本を教室で使っていた折に，私の受講生に分析を依頼したことがあった。その問題は次のとおりである：

次の各文は，いずれも同形異義文となりえます。それぞれ，二つ（時にはそれ以上）の意味を見つけ，解説を加えなさい。

 (1) 君はたぬきかきつねか。
 (2) 女とプロレスを愛した男だ。
 (3) 暖かい晩の御飯はおいしい。
 (4) Young boys and girls are admitted.
 (5) They like growing plants.
 (6) The lamb is too hot to eat.

●第4章　多義文と曖昧文

　この設問から得られた答えを分析し，それらいろいろなものを以下のような多様な記述にまとめあげてプリントを作り，彼らに示した。そういうことをしてみたのも，答えの書き方の様々な例示になるだろう，という思いからであった。つまり，単に文章で説明する答え方，種々の記号を使う答え方など，場合に応じていろいろ多種多様な方法があることを示唆したつもりでもあった。

　この時の資料提供者は総数28名であった。ひとつの問いにひとつだけしか意味解答を記入していない者がいるが，それは，同音同綴異義文(ABc)の二つないし二つ以上の意味の発見に参画していないとみなして無効とした。それ以外のものは，以下に全て記すことにする。かなり無理と思われる分析もあるが，そのような意味にもなる，あるいは，解釈されうる，という点では参考になる，と思われるからである。

　　　(1)　君はたぬきかきつねか。
(a)　そば（うどん）を注文する時（18名）
(b)　（人をだます）性格に関して（17名）
(c)　動物としてどちらが好きか（7名）
(d)　君は外見がどちらに似ているか（2名）
(e)　（以下各1名）ぬいぐるみのどちらの役か；物語中の動物同士の会話で；生まれ変わるならどちらが良いか；どちらの肉を食べたいか；（名前の確認）君は田貫柿経か

　すでに以上の答え方の中に，かなりひねった答えを出そうとする，いわば，遊び心のようなものが読みとれるだろう。それでよいのだ。このことはもちろん以下にも言える。

　　　(2)　女とプロレスを愛した男だ。
(a)　《《女とプロレス》を愛した》[男]／[女]と〈プロレスを愛した〉[男]（18名）
(b)　《《女とプロレスをすること》を愛した》[男]（4名）
(c)　[女]も[男]もプロレスを愛した（3名）
(d)　「女とプロレス」という本（テレビ，映画）を愛した男（1名）

　何人かの記述の仕方から共通して得られたものとして，そしてこんな書き方もあるということを言いたくて，私は上のようにまとめたが，同じことを言おうと

して，もっとわかりやすく，たとえば上の(a)と同じ内容を，次のように記したものもいくつかあったので，参考までに記す。上のようなカッコの煩雑な使用よりも，下のような線による，いわゆる「掛かりの関係」を図示する方が，学生にはなじみの方法であろう：

　　女とプロレスを愛した〔男〕だ。　　（←上記(a)の斜線の左側に相当）

　　〔女〕と　プロレスを愛した〔男〕だ。　（←上記(a)の斜線の右側に相当）

　(c)の答え方は，日本語の統語法から言えば，可能性のほとんど考えられない分析のようだが，3名の学生がこう答えていた。多分，無理に分析しようとしているのだろう。このような態度は他にも見られる。

　　　(3)　暖かい晩の御飯はおいしい。
　(a)　〈暖かい〉［晩］／〈暖かい〉［御飯］（25名）
　(b)　〈暖かい〉［晩］の〈暖かい〉［御飯］（1名）

　(a)の答えには，「暖かい御飯」と書くのではなく「温かい御飯」と書くべきだという指摘が2名からあった。これについては，いろいろな辞典にあたってみると──『岩波国語辞典（第四版）』では「暖かい・温かい」の区別はしない。『類語国語辞典』は「暖かい天気・部屋」と「温かい料理」を区別する。『旺文社詳解国語辞典』では『類語国語辞典』のような使い分けもありうると注記する。これらの辞典の記述を総合する限り，文字の区別は使い手の自由にまかされているとも言える。

　また「暖かい晩」は，気候以外に一家団欒(らん)や雰囲気をも含意する，という指摘が2名からあった。

　以下，英語の文になると答えの数が減るし，答えそのものも類型化されてしまう。独創的な答えはぐんと減る。母語話者として密着して母語の表現に対する場合と，距離をおいて外国語へ接する場合との開きがはっきり出ている。別な言い方をすると，日本語の例に対する時のような遊び心が薄れ，英語の教室で勉強している雰囲気がにじみ出ていると言えそうだ。

(4) **Young boys and girls are admitted.**

(a) <young> [boys], and girls ／ <young> [boys and girls]（10名），

(b) （何かが）認められた。／入学が許可された。（1名）

(5) **They like growing plants.**

(a) They like [to] grow plants. 植物を育てることが好きだ。／They like plants [that are] growing. 今成長している植物が好きだ。（11名）

(b) これから成長するもの／生きた植物（2名）

(b)の前者「これから成長するもの」は，心の中では(a)の前者に相当することを言いたいのに舌足らずの表現になってしまったもののようだ。(b)の後者の場合も同様に(a)の後者に該当する内容だろう。

(6) **The lamb is too hot to eat.**

(a) その子羊の肉は熱くて／辛くて食べられない。

The lamb is [so] hot [that one cannot] eat.（9名）

(b) （以下各1名）暑くて，子羊は食欲がない；坊やは熱があるので食欲がない；子羊もしきりに食べたがっている。

　また別の機会に別の学生たちに，先の6問について聞いたが，ほとんどが上の記述に重複している中で，次のような別の答えもあったので記しておこう。

　(1)の文に対しては，「たぬきかきつねか」は，疑問の他に反語的に質問しているともみなせる，という解釈をその疑問と反語のそれぞれ両者の音調を図解入りで説明したものがあった。

「たぬきか？」と質問し，「きつねか」と納得する感じ，という答えがあった。「田抜垣恒」という人名だとG君は解答する。前回のM君も類似の答えだった。いずれも連想がたくましいと言うべきか，あるいは，遊び心が存分にあると言うべきか？

　(3)の表現は「暖かい」を独立した感嘆の表現とみて，春の夜などを表わしている，とする解釈があった。

　(6)の羊の肉の文に関しては「熱すぎて食べられない」という意味の場合は「冷めれば食べられる」を含意するが，一方「辛すぎて」は「いつまでたっても食べ

られない」を含意する，という分析があった。

　2回にわたっての調査でえられたのは，以上のようなものだった。問題が進むにつれ，どちらの場合も答えの数が減っている。特に(4)以降は答えが少ない。面倒になったのか，英語文は敬遠されたのか？　その理由についてはすでに触れておいたとおりだろう。上でも述べたが，かなり無理な解釈もある。それは学生たちが面白がって，あえて奇抜な答えをひねりだしたからでもあろう。

　ここで一言付け加えたいことがある。それは，問いに対する，以上のような記述を書き終えてさらに「解説の書き方，文章での説明に苦労した」という総括的所感を数名の学生が添えてくれたことである。これは，常にはなかなかこちらに聞こえてこない貴重な感懐だ。そしてこのような思いを表明するのは，こういう訓練が日頃欠けていることの証明でもある。論理的に文章で表現する訓練の不足を訴えている。ところでそこまで苦労したのかどうか，こちらが好意的に読んでみても意味不明で理解できないものが多々あったことも，残念ながら記しておく必要があるだろう。

　一方，すでに類似のトレーニングを経験しているらしく，人それぞれで書き方は違うけれども，達意の記述法で説明している答えももちろんいくつかあった。当然，このような学生は「書き方に苦労した」という類の感想は付けていない。

　さて，上のような集計結果から得られたプリントを学生たちに提示するに当たっては，次のようなコメントも添えた：

　以上の問題のうち，(1)と(6)は，発話時(speech time)の場の状況から意味はひとつに限定されるはずだ。(3)と(4)(5)の場合は，発話時のイントネーションによって意味はひとつに限定されるはずだ。たとえば，(3)は「暖かい」と「晩の御飯」の間にポーズが入るか否か，「暖かい晩」がひとまとまりに発音されるか否か，などが決め手になる。(4)はYoungとboysの間に休止が入るか否か，boys and girlsがひとまとまりに発音されるか否か，などのイントネーションが決め手になる。(5)はgrowingとplantsのうち意味の中核の方にストレスがくるだろう。

　それに比べれば，イントネーションが加わっても(2)の曖昧性は強いだろう。

　そして，このようなことに興味のある学生のために，次のような若干の類例も

● 第4章　多義文と曖昧文

そのプリントに追加した：

　　　耳ガ痛イ／ムズカシイ子供ノ教育／フタヘニマキテクビニカケル数珠／キョウハアメガフルテンキデハナイ。／今日ハ昨日ノヨウニ客ガ来ナイダロウ。／Flying planes can be dangerous. ／I know John better than Tom. ／John broke his arm, and so did Mary. ／I saw a queer fish.

　なお，すでに述べたことだが，「文章でのみの説明」から，さらに，より見やすい，わかりやすいと思われる「図式による説明」へ移行する可能性を示すために，上の答えの作り方でも工夫したつもりだし，そのことはさらに，次の「3.同音同綴異義文の分析（その2）」での，問題とその答えの作成方法で，積極的に試みたつもりである。

3.　同音同綴異義文(ABc)の分析(その2) ── 自画像の自己所有

　同音同綴異義文(ABc)は，本章冒頭に引用した新聞週間の標語などにも見られるように，日常随所に現れる現象なので，口頭によるテストもしてみたいとは思っている。その場合には，音調によって意味が限定される分だけ，曖昧性が減少するだろう。しかし，大勢から短時間に多数の解答を得るためには，ペーパーによる方がなにかと便利である。

　さて，上の「君はたぬきかきつねか。」などの試みとはまた別の分析をしてみようと，別の機会に，次のような同音同綴異義文(ABc)を作り，これらについての分析を別の学生たちに依頼した。その問題は次のとおり：

　　次の各文は，いずれも同音同綴異義文となる可能性があります。それぞれ，二つ（時にはそれ以上）の意味を見つけだし，解説を加えて下さい。
　　　(1)　親の墓参りについていった子。
　　　(2)　お前はサクラか？
　　　(3)　太郎は次郎に自分の車を運転させた。
　　　(4)　母の写真(my mother's photo)

(5)　Visiting relatives can be a nuisance.

  (6)　Old men and women are admitted.

  (7)　The policeman killed the criminal with a gun.

分析例として私が最初に想定したもの，および学生の答えに見出されるだろうと私が想像したもののおおよそは次のようなものであった：

　　(1)　親の墓参りについていった子。

まず前半部の「親の墓参り」について考えてみよう。この「親の墓参り」は，「親の」＋「墓参り」と切る方が，日本語の日本人の語感に忠実だろう，と思われる。一方，これを「親の墓」＋「参り」という捉え方は，ある状況では可能だろうが，「親の」＋「墓参り」よりは不自然のように思われる。

だが，ここでは，その両方の意味がありうるものとして分析しておく。

①「親の」「墓参り」の場合：『親（＝生者A）が（＝主格）［Bの］墓に参る』
②「親の墓」「参り」の場合：『［Cが］親（＝死者D）の（＝属格）墓に参る』

そして，この墓参の主体〔「親」と「子」〕を直系親族・実の親子とすれば，

①の場合⇒親（＝生者）〔A〕―その子〔E〕―Eの子〔F〕での，墓参者の組合わせは⇒〔AE〕か〔AF（＝Eの親と子）〕である。〔注．EFの組合わせはAEの組合わせに等しいことになるから除外する。〕

②の場合⇒親（＝死者）〔D〕―その子〔C〕―Cの子〔G〕での，墓参者の組合わせは⇒〔CG〕のみである。

以上〔AE〕〔AF〕〔CG〕の3通りの組合わせとは別に，「親」と「子」という墓参の主体を，上記直系親族以外とすれば，別の人物組合わせが可能となるだろう〔例：「私の親についていった（隣の)子」の類〕が，今は上の組合わせだけにしておく。

次に，後半部の「ついていった子」の部分についてだが，この問題文の発話（言表）だけでは，「〜に付いて行った」なのか，あるいは「〜について言った」なのかは不明だ。前の「〜に付いて行った」の方が自然とは思うが，一応両方の解釈が可能だ。

以上「3通りの組合わせ」と「両方の解釈」を掛け合わせると，6個の可能性が

●第4章　多義文と曖昧文

考えられることになるだろう。

　　　　　(2)　お前はサクラか？

「サクラ」の意味するものは，

　①　固有名詞〔人名，地名，姓氏，商品名，組名，等々〕

　②　共謀者〔商売・演芸・講演・会議等で。←「サクラ」とは，もと，芝居で声をかけるよう頼まれ，無料で入れてもらった者を言った。その心は，桜の花は只で見る，から。(『岩波国語辞典（第四版）』と『大辞林（第二版）』による)〕

　③　馬肉・桜肉

　④　花の好き嫌い等を聞く〔サクラが好きかウメが好きか〕

　⑤　桜の木への呼びかけ・問い掛け等々

　⑥　他にもいろいろ

　　　　　(3)　太郎は次郎に自分の車を運転させた。

自分＝｜太郎／次郎／話し手自身｜

この文で，「自分」を「太郎・次郎」以外の人物，すなわち「話し手自身」とするのをやや不自然と感じる人がいるかもしれないが，現実には，社会方言(social dialect)で第一人称代名詞として使うこともある。また状況次第では「聞き手」をさすことが可能かもしれない〔「自分」を第二人称代名詞として使う地域方言(regional dialect)があるが，そこまでをここに記さなくてもいいだろう〕。

　　　　　(4)　母の肖像画(my mother's portrait)

｜母が描いた／母が所有する／母を描いた｜肖像画

英語も［人間＋'s＋[*noun* (picture, story, book, etc.)]］で，日本語と同じ三つの意味表現が可能である。〔この問題で英語を添えたのは，日英両語で同一構文をとることを示唆するためである。〕

　　　　　(5)　**Visiting relatives can be a nuisance.**

｜親戚を訪ねることは／訪ねてくる親戚たちは｜｜迷惑／厄介｜｜なことがある／かもしれない｜

　　　　　(6)　**Old men and women are admitted.**

　①　まず，oldの修飾範囲が2通り考えられることは明白である。一般的には次のように描くだろう：

　　　　Old men and women

　しかし，修飾関係を線引き以外の方法で示す，次のような，文字やカッコを使っての表記の仕方もありうる。以下の *a, b, c* 3行の斜線左側の表記はすべてmenのみを修飾していることを示し，右側の表記はすべてmen and womenを修飾していることを示す：

　　　a)　　OLD MEN and women　／　OLD MEN and WOMEN
　　　b)　　Old = [men] and women　／　Old = [men and women]
　　　c)　　[Old men] and women　／　[Old men and women]

②　admittedの解釈はいろいろある：|入会／入学／入場| を |許可された／承認された| などである。

　　　　(7)　**The policeman killed the criminal with a gun.**
①　[THE CRIMINAL WITH A GUN]「銃を持った犯人」
②　[KILLED WITH A GUN]「銃で殺害した」

だいたい以上のような答えを思い描いていた。

　さて，回収されたものには，達意の言い換えや，文法用語の適切使用による解説，あるいは問題文に対する英語や日本語での対訳による勘どころの指摘，また明快な図解や分析的な記述，それに問題文が口頭で表現された場合の超分節音素の現れ方による意味の差の指摘など，多種多様な記述が見られた。それらに関して以下に述べることにする。

　「(1)　親の墓参りについていった子。」と「(2)　お前はサクラか？」は，まさに千差万別の意見が出た。その異なり数から言えば，(2)の方が多いのだが，(1)の方は書いている本人も，頭の中で十分に整理されていない文をあえてひねりだしている，という感じで，読みにくいものが多少あった。また，「親」が生者なのか死者なのかが分からないような文で，もっぱら「ついていった」の部分のみを言い換えている解答があったが，これなどは，設問に答えようとすれば見抜けるはずのポイントをあえてはずしてしまっている，と講評したくなる。もちろん，それはここだけではない。他の文にも言えることだ。「木を見て森を見ない」態度とも批評できるだろうが，木の枝だけを見て木の幹も見ないでいると言えるのかも

しれない。

　そんな中で前述の分析と違っていたものに，(1)の方で「誰のかわからないが，誰かの墓参りに親が行くのでついていった子ども。」というのがあった。(2)の方ではさらに，「(柏餅を食べている人が桜餅を食べている人に対して)「お前〔が食べているの〕はサクラ〔餅〕か」というのがあった。

　「(3)　太郎は次郎に自分の車を運転させた。」は，上の(2)の場合と違って，手短に簡潔に狭い枠の中で答えることが可能であるから，かなり類似の解答文が多かった。

　上記の分析例と同じ3人の人物を上げなくても，「自分」イコール「太郎・次郎」という2人を指摘しないものはなかった。また「文面にはいろいろな可能性はあるが，当事者達にはシチュエーションやニュアンスで意味が通じるので問題はない。」という語用論的指摘があった。

　そしてまたB君は「聞き手を〈自分〉という方言もあるから，〈聞き手の車〉でもありうる。」と解答してきた。確かに，長崎県福江市・瀬戸内海諸島・愛知県三河北部・新潟県上越市などでは聞き手を「自分」という(『日本語方言辞書』)。先に，地域方言で「自分」を第二人称にあてる地方があると記したが，それに関連する解答が現にこのようにあった。

　「(4)　母の写真(my mother's photo)」は，「母の」の部分が3通りの意味を持つのだが，それに十分気づいた解答は意外と少なかった。

　ここは，日本語についてだけ答えるのか，英語についても要求されているのか，学生たちはまごつくのではないかな，と当方は思っていたが，実際にはほとんど英語例には触れていないし，だから，日本語と英語とが同じ構文で同じ意味を持ちうるという所までの指摘は見られなかった。

　ついでながら言えば，フランス語では，日本語の「私の写真」を逐語訳して，ma photoと言えば，それは近似の意味を持つことができるし，また，「私が撮った写真」の意味も持つことができる。しかし，「私が撮った写真」と鮮明に表現したいのならばphoto que j'ai priseと言うのがよく，また「私が所有する写真」ということをはっきり表わすためにはphoto qui m'appartientと言う方が好ましい。さらに「私を撮った写真」ということを明確に言い表わすためならphoto qu'on m'a pris(e)と言えばよい。

「(5) Visiting relatives can be a nuisance.」にもいろいろな解釈があった。英語の読解力や文法の力を試されていると思いながらの文章作成のようであった。

「(6) Old men and women are admitted.」は，oldの修飾範囲が2通り考えられることをほとんど全員見抜いていた。それの図式化となると，ほとんどの学生が分析例の最初に描いた線引きスタイルだった。また，admittedの解釈はいろいろあった。

「(7) The policeman killed the criminal with a gun.」の場合も，2種類の意味の差をとるのは比較的簡単のようで，表記の方法は様々だが，分析例の内容に見合ったものであった。「警察がガンをみせびらかして犯罪者を魅惑した。」というのも1例あった。

以上，第3章の「語と音・綴・義」でhomonymの概念の検討から出発し，音・綴・義の三次元からなりたっている概念を確認し，本章「多義文と曖昧文」へと移ってきた。それは，同音同綴異義(ABc)の語から文へと一貫して考察することの可能性の提示であった。その過程で，教室での学生との検討についても若干触れてみた。ここから，多義構文へ，そして，曖昧文へと進んでいこう。

4. 同音同綴異義文(ABc)から多義構文へ ―― この案はトル

同音同綴異義文(ABc)について考えて行くと，その延長上でどうしても日本語の中の多義構文(polysemantic construction)についても検討してみたくなる。そのひとつに「ＡガＢニカワル」という多義構文がある。これについて触れることにする。まず，例を見よう：

(1)　雪ガ雨ニカワッタ。

という文は，「雪カラ雨ニナッタ」のだろうか，「雨カラ雪ニナッタ」のだろうか？多分，「夜来ノ雪ガ雨ニカワッタ。」など，文脈がその決め手になるのだろうが。

(2)　（野球の試合中，ピッチャーの交替で）宮沢ガ石川ニカワッタ。
という文では，今度登板するのはどちらだろうか？　これも，その場に居合わせ

る者にはなんの問題もないだろうし，たとえば，一方が先発投手，他方が中継ぎ投手などのような位置づけ・役割分担ができている場合には，この表現だけを聞いても理解できる人は結構いるだろう。いずれにしろ，上の(1)や(2)が意味を複数もっている，つまり同音同綴異義文(ABc)であることは次の(3)～(4a)の例文ではっきりする：

(3) 江戸ガ東京ニカワッタ。
(3a) 東京ガ江戸ニカワッタ。
(4) 昭和ガ平成ニカワッタ。
(4a) 平成ガ昭和ニカワッタ。

ところで，「カワル」には「変わる＝変更する」「替わる＝交替する」「代わる＝代用する」の3種類の意味がある。漢字の「変・替・代」はそれぞれが別の語として用いられるのだが，「カワル」という日本語にはこれら3者が併存してしまっている。だから，次の例の「変」の部分は，「代」と書いても，「替」と書いてもさしつかえないのではないか？　この書き方に言語純正主義者が異を唱えようとも，日常，現にそのように書かれているのではないか？

(5) 明治時代ニ毛筆ガ鉛筆ヤぺんニ変(代・替)ワッタ。

要するに，毛筆から鉛筆やペンへの変更ないし交替は鉛筆やペンが毛筆の代用をするようになったことである。時の流れに則して，毛筆が先行していて，鉛筆やペンが後続している。これを

(5a) 明治時代ニ鉛筆ヤぺんガ毛筆ニ変(代・替)ワッタ。

と言っても，歴史的事実に則して状況はひとつである。

上の(3)以降の例は歴史的事実からみて意味はひとつだが，(1)や(2)はそれ自体では多義文に解釈される。

そのような「AガBニカワッタ。」という上の諸例に対して，しかし，「AガB ニトッテカワル。」という構文は状況が異なってくる。たとえば，次の様な場合である：

(6) 　東京ガ江戸ニトッテカワル。
(6a) ＊江戸ガ東京ニトッテカワル。
(7) 　平成ガ昭和ニトッテカワル。
(7a) ＊昭和ガ平成ニトッテカワル。
(8) 　鉛筆ヤぺんガ毛筆ニトッテカワル。
(8a) ＊毛筆ガ鉛筆ヤぺんニトッテカワル。

「トッテカワル」という表現では，時間的に後続するものしか，主格には立つことができない。

　以上は2者の時間上での前後関係に関わることであった。次は2者の空間での関係を表わす表現の「AニBヲ通ス」という語法を見ることにする。これは一見なんの問題もなさそうではあるが，少し厄介な問題をはらんでいるようでもある。まず，次の3組の例をみてみよう：

(9) 　針ニ糸ヲ通ス。
(9a) ＊糸ニ針ヲ通ス。
(10) 　部屋ニ客ヲ通ス。
(10a)＊客ニ部屋ヲ通ス。
(11) 　地下ニぱいぷヲ通ス。
(11a)＊ぱいぷニ地下ヲ通ス。

　一方は成立可能，他方は成立不可能，とはっきり分かれるようである。これは多義構文ではなさそうだ。とりあえず，「ニ格」の方が「ヲ格」よりも大きいもの，あるいは，前者が包含，後者が被包含とみておこう。この大小関係，包含関係が決め手のようだ。だが，次の場合はどうだろう：

● 第4章　多義文と曖昧文

(12) 修吉は（…）丸太棒をそれらしい形に削ってもらったバットに馬穴を通し，それを肩に担いで家を出た。

（井上ひさし『下駄の上の卵』，p.58，下線引用者）

これは，すでに第1章の「2－6.オノマトペの反復構成」に引いた同じ作者の同じ作品のほんの少々前の所にある文だ。日曜日の早朝「家を出た」主人公の姿である。この引用文をもうひとつ正確にするなら，「バットに馬穴の把手(とって)を通し」だろう。さらに正確にして，しかも(9)(10)(11)の例にならうなら，次のようになるはずだろう：

(12a) 　馬穴（ノ把手）ニ　ばっとヲ　通ス。

(9a)(10a)(11a)が不成立なのに(12)は成立した。しかも(12a)の方も成立した。バケツの把手の方がバットより大きい包含の側にあるはずだが，小さい被包含の側のバットが「ニ」と結びついて，それでも文は成り立ってしまっている。「Ｘニ Ｙヲ通ス」はここで多義構文になってしまっている。ここで次の例を見る：

(13) 　竿ニ干し物ヲ通ス。
(13a) 干し物ニ竿ヲ通ス。

どうやら，ここでは(12)から(13a)までのどれでも成立可能のようだ。上の大小関係，包含関係では説明がつかなくなってしまう。(12a)のバットと(13a)の竿はどちらも棒状のものという共通項がありそうだ。ただ(13a)の方は成立するとしてもずいぶん特殊な言い方である。普通の洗濯後の動作ではなさそうだ。無理に通している感じがする。客観的に見れば理にかなっているのに表現としてはずいぶん窮屈だ。(13a)よりはむしろ(12a)の表現の方が自然に成立するだろう。ところで，次はどうだろう：

(14) 　魚ニ火ヲ通ス。

(14a)＊火ニ魚ヲ通ス。

　ここではもはや後者は成立不可能ではないか？　仮に成立しても，それは，食べるために魚を加熱するのではなく，消滅・滅却するために火の中に入れるということだろう。全然別のことだ。
　さて「ニ格」＋「ヲ格」の語順よりもその逆の方が自然なものもあるらしい：

(15)　そばヲ湯ニ通ス。
(15a)　？湯ニそばヲ通ス。
(16)　その受験生ヲ試験ニ通シタ。
(16a)　？試験ニその受験生ヲ通シタ。

　「通ス」という語は「ヲ格」「ニ格」を必ず要求して，しかもその前後関係つまり配列順番に制限のある場合とない場合に分かれるらしい。一方，「筋ヲ通ス・光ヲ通ス」など「ヲ格」だけで成立するものもあって，さらには，その中間をさまようものなど，構文の面でも多様な性質があるようだ。こんなところに「通ス」の語法の厄介さが潜んでいるのだろう。
　次の(17)(18)の「ツカマッタ」は共に「ニ格」＋「ツカマル」の過去形として表現されているのだが，「ヲ格」＋「ツカマエル」で言い換えられるか否かで違いが出てくる。

(17)　犯人ハ警察官ニツカマッタ。
(18)　私ハ手すりニツカマッタ。
(17a)　警察官ハ犯人ヲツカマエタ。
(18a)＊手すりハ私ヲツカマエタ。

　どうやら，「ヲ格」＋「ツカマエル」が成立するのは，主格が生物の場合ということらしい。無生物ではだめらしい。
　次に，「トル」という語は，それ自身，まったく相反する逆方向の意味を持って

いる。

「これをトル。」「この案件・意見はトル。」では，「トル＝採る＝採用する」でもあり，「トル＝取る＝却下する」でもある。

かつてある会議の席上で，座長役の長老K氏が「この案はトル。」と発したのを，そこに居並ぶ人たちの半々が「採用スル」と「却下スル」の両方に分かれて解釈したままで議論を続け，審議が混戦してしまったことがあった。使用頻度の高い語，ということは，意味範囲の広い語なのだ。だから，そのような語ではなく，その場にふさわしい使用頻度の低い，意味範囲の狭い方の表現を用いれば，こんな誤解は起こらないはずだ。たとえば「この案は採用する。」「この案は採用しない。」と言えば誤解は起きなかったのだ。

以上，多義になりうる構文や語の実情を見てきた。それが曖昧な表現として別の解釈を受けなければよいが，最後の例「この案はトル。」は全く逆の意味になってしまった。

5. 多義構文から曖昧文へ ── ラ抜きの誕生

同音同綴異義文(ABc)を論じてくれば，すぐ隣に曖昧文(ambiguous sentence)の存在を見出すことになる。実は上ですでに曖昧文の領域へ入りこんでいたのだが，ここであらためて，日本語の曖昧文の例を二つだけあげる。

(1)　課長さんは明日会社に来られますか？
(2)　祖母は母よりも私をかわいがる。

これらが次のような二つの意味をもっていることは明らかだ：

(1a)　課長さんは明日出社なさいますか？（尊敬）
(1b)　課長さんは明日出社できますか？（可能）
(2a)　祖母は，母が私をかわいがる以上に，私をかわいがる。
(2b)　祖母は母をかわいがらないで，私をかわいがる。

分析すれば,上のようになることはなんの問題もない。ただ,現実のコミュニケーションの場では,この表現がその二つの意味のうちのどちらであるかを瞬時に理解しなければならない。送り手側の意図と受け手側の理解とがつねに一致するという保証はない。それなら,誤解されないように送るのが賢明というものだろう。

　「れる・られる」には尊敬・可能以外にも受動・自発の用法がある。つまり守備範囲が広すぎるのだ。いわゆる「ラ抜きコトバ」発生の余地はここにもあった。「会社に来れますか?」は上の(1b)の「出社が可能ですか?」のことだけにして,尊敬の方は上の(1a)のように言えばよい。このように使い分ければ(1)の表現はまったく不要になってしまう。

　さてその曖昧文の日本語以外の例を,少し上げる。まず,同音同綴異義文(ABc),最初は英語の例である:

I don't like visiting professors.　「私は客員教授というのは好きではない。」
　　　　　　　　　　　　　　　　「私は教授を訪問するのは好きではない。」
I like Alice as well as Bill.　「私はアリスもビルも好きだ。」
　　　　　　　　　　　　　　　「私はアリスが好きだ。ビルも同様にアリスが好きだ。」
John gave her dog biscuits.　「ジョンは彼女の犬にビスケットを与えた。」
　　　　　　　　　　　　　　「ジョンは彼女に犬用のビスケットを与えた。」

次はフランス語の曖昧文の例である:

La belle porte le voile.　「その美女はヴェールをかぶっている。」
　　　　　　　　　　　　「その美しい扉がそれを覆い隠している。」
Je préfère le café au lait.　「私はミルクよりもコーヒーの方が好きだ。」
　　　　　　　　　　　　　「私はカフェオレの方が好きだ。」
Le pilote ferme la porte.　「パイロットがドアを閉める。」
　　　　　　　　　　　　　「意志堅固なパイロットがそれを持っている。」

次は同音異綴異義文(Abc)のフランス語の例。後の二つはバイイ(Charles BALLY)

の著『一般言語学とフランス言語学(Linguistique générale et linguistique française)』からの借用である (§21)。

[ilsɛm]　　　　Ils sèment.「彼らは種を蒔く。」
　　　　　　　Ils s'aiment.「彼らは愛し合っている。」
[illafɛvənir]　Il la fait venir.「彼は彼女に来てもらう。」
　　　　　　　Il l'a fait venir.「彼は彼(女)に来てもらった。」
[ʒəmɛ̃tɛrɛsogrɛk]
　Je m'intéresse au grec.　　　「ギリシア語に私は関心がある。」
　Je m'intéresse aux Grecs.　　「ギリシア人男性に私は関心がある。」
　Je m'intéresse aux Greques.　「ギリシア人女性に私は関心がある。」
　Je m'intéresse aux grecs.　　「ギリシア的なものに私は関心がある。」

6. 曖昧文から破格構文へ ── 一葉の生涯は何年？

曖昧文の範疇には，今までに見てきた両義文や多義文も入るし，また次のような破格構文(anacoluthia, *anacoluthe*)〔捻転文，ねじれ文とも〕に近いものも入れてよい。

はじめに，文の組み立てに気を配れば済むはずの，悪例を二つ掲げる：

　ある詩人と，十三年ぶりに再会した。目じりやひげを蓄えた口元の優しさは変わらないが，どことはなく寂しそうに見えた。(『朝日新聞』，天声人語，1999.9.27)

一読，「目じりを蓄えた」と読んでしまう恐れが大いにあるのではないか？　そう読んだ方が悪いのか，読ませた方が悪いのか？　もっとも「ひげを蓄えた口元や目じりの優しさは」と書けば，優しいのは目じりだけ，と理解される可能性もある。

　上の文を仮に「目じりを蓄えた」と，そんなふうに妙な読みとりをしても，意味が成り立たないのだから，軌道修正は簡単だ。ところが，次の場合は完全な誤解を生み出す。1996年11月にNHKテレビBS2は，樋口一葉没後百年特集を放映

した。その画面いっぱいに次のような縦書き4行の表現が出た。

　　樋口一葉は，／明治五年東京に生まれ／<u>三十年</u>数々の名作を残し／その短い生涯を閉じた

　これでは，彼女のことをよく知らない人には，この作家が三十年間にわたって数々の名作を残した，と思いこまれてしまいそうだ。事実は，一葉は，明治5(1872)年の陽暦5月2日に生まれ，明治29(1896)年11月23日に亡くなったのだ。満で二十四歳と半年少々の生涯であった。だから正しくは，

　　樋口一葉は，／明治五年東京に生まれ／数々の名作を残し／〔明治〕二十九年にその短い生涯を閉じた

とすべきだった。
　以下，小説の中から拾ったものなど，曖昧文・破格構文の例を上げてゆく。最初の例は今意図的に作ってみたものだ。まったくの悪文と自認するが，少しゆがみが感じられるという程度の感想で済む人もいるかもしれない：

　　彼は時々，こうして兄の所から彼の一番好きなドレスを着せて美しく化粧させてよく義姉をこのテラスに連れ出して来て，並んで座った。

　「彼は時々，こうして，彼の一番好きなドレスを〔義姉に〕着せて美しく化粧させて，兄の所からこのテラスに，〔義姉を〕よく連れ出して来て，〔義姉と彼の二人が〕並んで座った。」と言おうとしながら，対人関係を表に出さないで表現するのが日本語の流儀だからだろうか，述語の部分を中心にそのような対人関係は理解されるはずだという前提で表現したのか，わかりにくい文になってしまった〔と，そんなふうに，意図的に作ってみたのだが〕。読点の少なさも理解しにくい表現に関係している。しかし，これはまだ決定的な破格構文という訳でもない。多少曖昧性の強い文というだけだろう。だが，次の中野孝次(1925〔大14〕−)の文

● 第4章　多義文と曖昧文

は一読して，ねじれに気づく。

　物語の語り手である「ぼく」と重国がはるばる熊本から，二人の共通の友人青木を仙台に訪ねた場面である。青木は叔母さんの家に厄介になっているので，「ぼく」も重国もその叔母さんの世話になるわけだ：

　　徹夜で長旅をして困憊(こんぱい)しきっている重国より，青木のほうがずっと元気そうだった。ねころがって話していると眠気がまたからだの奥底から滲(にじ)み出してきた。そのうち青木の叔母という，こめかみに白い絆創膏(ばんそうこう)をはった色艶(つや)のわるい人が現れ，風呂に入り，夕めしをご馳走になった。　　（中野孝次『麦熟るる日に』, p.204, ルビ引用者）

　「眠気がまたからだの奥底から滲み出してきた」のが「ぼく」であることは，多分そうだろうとして，「風呂に入」ったのは誰だろう。文の流れから行くと，「色艶のわるい」叔母さん自身が「風呂に入」ったと読みとれそうだが，そうではあるまい。もしそうだとしたら，話はずいぶん妙な方へ発展していきそうだ。次の「夕めしをご馳走になった」のが当然「われわれ」なのだから，「風呂に入」ったのも同じく「われわれ」であろう。読み進んだ所から，逆に考えなければならない。
　述部はともかく，主部の方は，文脈から判断できるのならば表に出さない，あるいは，出さなくても良い，という日本語の文の組み立て方の影響によるのだろうか，ここでは，それが少し度が過ぎてしまったようだ。「風呂に入」ったのは誰だ，と読者の側が推察しなければならなくなっている。
　次の例は，筆者林芙美子（1903［明36］－51［昭26］）の内面では二つのことを書こうとしながらも，もはや明らかにそれがひとつの文の中にねじれこんでしまっている：

　　池袋の旅館で，蒲団包みを開くと，なかから伊庭の褞袍(どてら)や，かなり古いインバネスや，小豆(あずき)の袋が包みこんであった。　　（林芙美子『浮雲』, p.106, ルビ引用書）

　これらの品物は，主人公のゆき子が，昔つきあった伊庭の荷物の中からくすねてきたものである。だから，池袋の旅館〔に来て〕「蒲団(ふとん)包みを開くと，なかから

(……) 小豆の袋が〔でてきた〕。」とするか，あるいはまた「蒲団包みを開くと，なか〔には〕（……）小豆の袋が包みこんであった。」とすればよかったのだ。だが，その二つを書きこもうとして，結果は，この二つの表現が入り交ってしまったのだった。

散文の場合はともかくも，韻文ではその組み立て方にきつい制限が加わるだろう。次の石川啄木（1886〔明19〕－1912〔明45〕）の和歌もその例外ではない：

　　今は亡き姉の恋人の弟と仲よくせしも悲しと思ふ　　　啄木

確かに，一読平明ではない。いやむしろ，ずいぶん分かりにくいと言う方が素直かもしれない。この短歌を引いて，金田一春彦は「今は亡き」が修飾するのは「姉ともとれ，姉の恋人ともとれ，またその弟ともとれそうだ。」と書く（『日本語』（下），pp.239－40）。上から読んでの可能性はそうだろう。だがもちろん，「悲しと思ふ」人が「仲よく」したのは「弟」だ。その「弟」が死んだから「悲し」いのだ，と下から逆に読めば，そう言えるのではないか？　韻文ゆえの語順の複雑さ，というところだろう。つまり，「〔私の〕姉の恋人だった人の〔その弟は，今は死んでしまったが，その今は亡き〕弟と〔私が〕仲よくせしも悲しと思ふ」ということなのだ。しかし，このままでは歌にならない。啄木の表現力は上のように圧縮した。

これを韻文ゆえの制約による破格構文と一応みることにしてもいいだろうが，次の丸谷才一（1925〔大14〕－）の表現は散文でありながら，いわば「舌足らず文」とでもいうことになるだろうか，筆が早回りしすぎているのだ：

　　（…）北陸の綿屋の娘が嫁に行って亭主に死なれたあげく年を取った女中（…）
　　　　　　　　　　　　　　　　（丸谷才一『たった一人の反乱』（上），p.80）

今これだけを一読しただけでは，かなり分かりにくいだろう。しかし，物語を初めから読んできた読者には，ねじれてはいても，理解はできるだろう。これより前の方に関連の描写があるからだ。そこを解説すると「北陸の綿屋の娘が〔か

● 第4章 多義文と曖昧文

つて女中として, 幼い頃の「私」の面倒をみてくれていたのだったが, その後〕嫁に行った。だが間もなく亭主に死なれ〔て, その〕あげく〔また「私」のもとで女中として勤めてくれている, それほどに人生を経て〕年を取ってしまっている〔その〕女中」ということなのである。それにしても, ねじりおこしのような表現であり, 同一人物をまるで「セイゴ→フッコ→スズキ」などの出世魚のように「娘→嫁→女中」と呼びかえてゆく表現でもある。

次の志賀直哉 (1883 [明16] —1971 [昭46]) の文も筆の早回りという点では同じだ：

　　一時間ほどしてK医師は来た。半白のふさふさとした口髭を持った大柄な人で, 前夜の見すぼらしい医者とは見るからなんとなくたよりになった。

（志賀直哉『暗夜行路』後編, p.152)

ほんのちょっと注意して「前夜の見すぼらしい医者とは〔違い〕見るから〔に〕なんとなくたよりになった。」とすればいいものを。

新聞や放送などは, 時間との関係で, その表現に対して, 推敲・練り直し・内容検討が不足しがちだ, とは一般論では言えそうだ。しかし, だからこそ, 不注意による過ちを避ける努力も要求されるだろう。そしてまた, 作家にも同じことは言えそうだ。上に見てきたとおり, 小説の文中にもずいぶん破格構文がある。小説家は文章の名人達人, と世間では思いこんでいるだろうが, 現実はそうでもなさそうだ。名文ならぬ迷文・悪文もあるようだ。上手の手から水が漏れた, だけのことならいいのだが。

第5章　表記法について

1. 外国における最近の綴字改革の動き ── 情報機器との関係で

まず最初に，外国における最近の綴字改革についてほんの少しだけ触れておく。情報革命で激変する時代の情報機器の効率のみを考えれば，以下に見るような，より単純な原則に基づく文字表記の方が好まれるのは，無理のないことかもしれない。

しかし，効率だけで成り立つのかどうか，そこに問題がある。

1－1. スペイン語の場合

スペイン語を表記するための字母(graph)には，英語の表記(writing)と共通する26文字に，さらに ch [チェ] と ll [エジェ] と ñ [エニェ] の3文字が加わっていた。

このうち最初の文字 ch は，c や h を単独で用いる場合とは別の使い方で，ちょうど日本語の「チェ」が「チ」と「エ」の二つを合体させて，[チェ]というひとつの音を表わすためのひとつの文字とみなしている，それと同じ働きをしている，と思えばよい。

われわれ日本人の使う国語辞典では，「タ行」の中で，「チェロ」という見出しの方が，「チャイム」という見出しよりも先に来ている。もしも「タ行」とは別に「チャ行」というものを独立させれば，その「チェロ」と「チャイム」の位置は逆転して，「チャイム」の方が「チェロ」より先に来ることになるだろう。

スペイン語の辞典では，a, b, c と順に並べて来て，ch で始まるものは c で始まるものとは別個に d の前に置くのが今までの慣行だったから，clase [クラーセ]「クラス」の方が chocolate [チョコラーテ]「チョコレート」よりも前に置かれてきた。もし，ch というひとつの字母を無くして，c と h に分解してしまえば，当然，英語の辞典と同様に chocolate の方が clase よりも前にくることになるだろう。

次の ll も同様に l [エレ] を単独で記す語とは別立てで配置されてきた。最後の ñ も同じように，n [エヌ] とは別に扱われてきた。

● 第5章　表記法について

常用漢字	絵	証	関	駅	霊	塩	観
繁体字	繪	證	關	驛	靈	鹽	觀
簡体字	绘	证	关	驿	灵	盐	观

表2　漢字のいろいろ

　スペイン語の方が英語よりも複雑な字母表だから，英語なみにするようにという一種の圧力が，英語圏の側から出てくるのも先に述べた情報機器での効率優先という思想にあるらしい。

　それは，アジア地域の漢字の表記を英語の表記に対比させた場合に起こりうる，漢字表記に対する英語表記の側からの圧力を考えれば，さらにわかりやすくなるだろう。一口に漢字と言っても，日本と中国と台湾や韓国ではそれぞれその字体が違う。日本語は常用漢字表に基づき，中国北京語では簡体字を使用し，台湾や韓国では繁体字を用いている〔表2参照。繁体字は古来の正字，他はその略字とみればよい〕。それでは困るから統一しろ，という声が英語圏の方から出ている。あるいは，そのような漢字では不便だから，いっそ漢字をやめて使用文字はローマ字にしてしまえという意見も出ている。

　さて，話をスペイン語にもどす。スペイン語を公用言語(official language)とする国が結成するスペイン語圏言語アカデミー会議は，スペイン語のchとllを独立の字母として扱うことを止め，字母表（アルファベット表）からはずしてしまうことを，1994年6月に決定した。これによって，chはcの中に，llはlの中に吸収されることになった。ただ，ñだけは字母表に残すことにした。

　以上のような決定は，スペイン語圏がアングロサクソンの経済的植民地化になることを認めてしまうことであり，また，電算機処理上の簡便さだけを優先させようとしているのだから，スペイン語文化圏の側に立つならば反対だ，という意

思表示が，そのスペイン語圏言語アカデミー会議に参加している国々の三分の一からなされた。一方，情報処理に関する国際間の共通システムに立ち遅れれば，スペイン語は国際社会での二次的言語になってしまう，というのが参加国の三分の二に達する賛成派の側の意見だった。

1－2. ドイツ語の場合

上に述べたような発想の原点は，ドイツ語の場合にも共通する。ドイツ語を公用言語とする国とドイツ語を少数言語としてかかえる国からなるドイツ語圏では，1996年7月に，ドイツ語の正書法(orthography)の規則を簡略化して発表し，1998年8月に新正書法が施行された。しばらくはこの新正書法への移行期間をおいて，旧正書法は2005年に廃止される予定である。〔施行後2年目，廃止までまだ5年の時間がある2000年現在，すでにこの新正書法への批判が出ていて，簡略化を後退させようとする動きがあるとのことだが。〕

句読法に関することも含めて細部にわたる多様な改革がなされるのだが，ここではその一例として，ドイツ語表記上の特別の文字ß[エスツェット]の使用の部分的な廃止，ということだけを上げておこう。従来の表記法では，先行する母音が短母音で，後に母音が来ない場合にßを用いていたのだが，新表記法では，母音が後続するかどうかには関係なく，先行する母音が短母音であればssと書く，ということにした。これによって，たとえば，daß〔英語の接続詞thatに相当〕はdassと記すことになった。

以上，ドイツ語とスペイン語にみられる表記法改正の原点は，それを使用する母語話者(native speaker)の側ではなく，コンピュータの側の事情にあるということがわかる。つまり，英語の表記法になじまないものは淘汰されてしまうということだ。

1－3. フランス語の場合

フランスでは，1990年2月にフランス語高等評議会がフランス語の綴字改革を決定し，翌年9月の新学期からその実施を予定した。だが，確実には実施されていない。当時教育相であったジョスパンは積極的だったが，首相のロカールは「言

語は使用者のもの。法制化は論外だ。」という立場をとった。かつて文化相を勤めたジャック・ラングの意見もロカールに同じである。

その後発刊されたフランス語の辞典を見ても，実施状況の不統一ぶりを見ることができる。フランス語高等評議会の方では，jazzmanの複数は，英語の複数形のjazzmenではなく，単数の綴りにsをつけてjazzmansにするようにと言う。つまり，フランス語の文法にあわせるようにと言う。だが，『ラルース小辞典(*Le Petit Larousse*)』の1993年版〔92年5月印刷〕も，『新ラルース小辞典(*Le Nouveau Petit Larousse*)』〔1995年3月印刷〕もjazzmansだけでなく，英語式のjazzmenも可とすると記している。つまり，英語から語を借用するだけではなく，英語の文法までをもフランス語の中にとりこんでしまっているのだ。

なお，最近日本で編纂出版された上記3言語の辞典，つまり「西和」「独和」「仏和」の3種類の辞典もすでに上記の内容を採用している。

2. 日本語表記法の多様性 —— 永遠の課題

以下に，日本語表記法について考えることにする。〔本章末pp.126-7に掲げた「表6 日本語表記法改革略史」を適宜参照して欲しい。〕

多くの言語社会では，数字を別にすれば，一種類の文字による表記法しか存在しないのが普通であろう。今上でとりあげたスペイン語，ドイツ語，フランス語など諸言語の場合も，ローマ字(Roman alphabet)〔ラテン文字(Latin alphabet)とも〕という文字一種類だけを用いている。しかし，スペイン語やドイツ語の表記法は，英語と同じ文字を用いながらも，その英語の表記法との食い違いからおきる問題であった。なるほど，同じ文字を用いても，異なる言語では異なる表記法を用いるのだから，お互いの間に摩擦のおこる可能性はある。

類似のことは漢字文化圏でも云えることである。本章「1-1. スペイン語の場合」のところでも触れたのだが，漢字の場合でも，日本語では今は常用漢字表に従い，中国北京語は簡体字を使用し，台湾や韓国では繁体字を用いているというふうにそれぞれが違っている。これをどれかひとつの字体に統一するのは容易なことではない。いや，その可能性があるだろうか？

さて，日本語表記法の漢字仮名交じり文というものは，日本語だけに使用され

る表記法で，漢字・ひらがな・カタカナが主役であり，アラビア数字やローマ数字もそこに入りこみ，さらにはローマ字も取り入れている〔例：NHK, JR, NTT, など〕。

ついでながらここで，漢字・ひらがな・カタカナに限って，その組合わせが7通りあることを確認しておこう。表記法が7通りもあることを確認しておこう。

現在「漢字だけ」で日本語の文を表記することはまずないだろうが，古い時代では『万葉集』がその例だ。今でも語句のレベルなら，地名・人名・団体名など漢字のみで記すものはいくらでもある。

子供相手の本なら「ひらがなだけ」の表記もある。和歌をひらがなだけで書くこともある。

「カタカナだけ」の表記も，外国の地名人名や，動植物の名前の表記に使われる。カタカナだけで書かれた童謡もある〔例：『日本唱歌集』「コイノボリ」「チューリップ」〕。

「漢字＋ひらがな」は普通だし「漢字＋カタカナ」〔例：宮沢賢治『雨ニモ負ケズ』(第三巻，pp.469－71)〕，「ひらがな＋カタカナ」〔例：『日本唱歌集』石原和三郎「はなさかじじい」〕など2種類の文字だけで書いたものもある。

そして現在は「漢字＋ひらがな＋カタカナ」の3種類の混用が一般的だ。

さらにまた，その表記法のどれを選ぶかは，状況次第でいろいろになる。たとえば，〈あかあかと日はつれなくも秋の風〉と松尾芭蕉（1644[正保元]－94[元禄7]）自身が書いたとして，それを後代の人が，第三者が，たとえば〈赤々と〉あるいは〈赫々と〉と漢字で書いたとしたら，日本語表記法に対する時代ごとの，あるいは個人ごとの，文字観があるのだから，その時代ごとの，あるいは個人ごとの，文字観を優先させ，認めることが必要なのかもしれない。

2－1. 日本語表記法に対する二つの考え方

このような日本語にも，情報機器の進展に伴い，上の諸言語がかかえるのと同じような，解決を求める問題はある。また情報化時代となる以前から日本語自体の内部にあって今日なお未解決の問題も，もちろんある。

現在の日本の国語国字問題への提言，つまりは日本語表記法に改変を求める意

● 第 5 章　表記法について

見のひとつとして,以下にまず,文芸評論家の江藤淳(1933[昭8]－99[平11].7.21)の発言を紹介する(「ワープロと国語政策,転機に来た戦後の漢字・仮名遣い制限」,『朝日新聞』,1993.3.18.)：

① 　ワープロやパソコンなどの普及で,日本語を書く手段が一大転換を遂げた。
② 　漢字制限のため「補てん・ばん回・伴りょ」など,まぜ書きが要求されるものがあるが,それらはワープロなどでは「補填・挽回・伴侶」と全体を漢字で書けるし,その他の難字もワープロなどでは苦もなく書ける。歴史的仮名遣いでさえ,近い将来にはワープロソフトに組込まれるだろう。
③ 　このような書く手段の転換は今や読む力の開発を要求している。だから,今の国語政策の漢字制限や仮名遣いの固定化などを廃止すべきだ。
④ 　難字はルビ使用で読めるように,歴史的仮名遣いも読めるようにすべきだ。
⑤ 　常用漢字の字体だけでなく,旧字体もみんなが読めるようにすべきだ。

　以上が江藤淳の発言の要旨で,制限色が濃い国語政策からの開放を求めているのだ。ただし,ワープロ登場以前に十分に漢字を修得活用してきた世代と,漢字未習熟のままワープロ使用に入った世代では,この辺の事情に大きな差がある。漢語に通じていなければ,入力変換の結果に責任のもちようがないし,時には正しい入力もできない。たとえば,「遵守」の読みを「ソンシュ」などと思いこんでいる人には「遵守」が出せるはずがない。「ジュンシュ」で入力しなければならない。
　一方,情報機器に伴って度を越して漢字が使用されている現状と,今日の漢字仮名交じり文のあり方に対する危機意識から,文化人類学者の梅棹忠夫(1920[大9]－)は日本語のローマ字表記への新たな展開を希望する(「情報時代と日本語のローマ字化」,『朝日新聞』,1995.1.4.)：

① 　言語情報の伝達は,現代文明をささえるもっとも基本的な条件であるから,その文字伝達の手段方法に関して効率よい整備が要請される。
② 　現代日本語の文字システムである漢字仮名交じり文は,はなはだ不合理で,

日本語に多くの混乱と非能率をもたらした。
③　数千の文字要素を必要とする言語と20個そこそこの字母でたりる言語を比べたら，21世紀の文明競争の勝負はあきらかだ。
④　中国語の拼音(ピンイン)表記は，ローマ字表記なので，それがそのまま漢字のかわりに用いられるようになる時が必ず来る。
⑤　一方，日本語のローマ字表記はシステムが完成しているとは言いがたい。21世紀にむけての整備が必要だ。

　これが梅棹忠夫の考えである。彼の立論の根底にある①の「情報伝達のための文字整備の要請」と⑤の「日本語に対する整備の要請」との間の整合性に注目したい。①で言語表記に関する総論を述べ，②③④の各論で現行の日本語表記の不都合性を指摘し，そして，⑤で日本語の新しい表記法を生み出そうと呼びかけているのだ。
　この江藤と梅棹の発言は今から数年前のものだが，その内容は今日現在まだ検討に値する。と言うより，実は，これらは日本語表記に関する，明治時代以来の古典的テーマで，しかも未解決のものだ。情報革命の中で，問題点がより鮮明になっただけだ。
　この江藤と梅棹の二人の発言の違いは，文化遺産を相続しようとする立場と，新しい文化を創造しようとする立場の違いにある。日本語をローマ字表記にした場合，漢字音読み熟語の同音異綴異義語〔第3章「語と音・綴・義」参照のこと〕が識別できなくなるという反論に対しては，だからこそ，ローマ字表記で新しい語彙を創造する方へ向かうべきだ，と梅棹は反論する。
　さて，明治時代の文明開化期に欧米からやって来た新しい概念を漢語に移しかえることが可能だったのは，漢語文化の蓄積があったからのことだ。それに対して，漢字を全廃してローマ字にしてから創造しようとする文化は過去と断絶してしまう。この点にわれわれは十分注意しておこう。そして，漢字の使用をやめてハングルのみで表記するようになった現代韓国語では，概念語が減少しているという報告があるのだが，その点にもわれわれは十分注意しておこう。
　隣国の現状を持ちだすまでもなく，現代日本人の漢字による造語力の低下も，

● 第5章　表記法について

結局はカタカナ語の氾濫と表裏の関係,相互の関係があると言えるのかもしれないのだ。

2－2．日本語の同音異綴異義語(Abc)の例　50のセイコウ

確かに,日本語では今上で引き合いに出した同音異綴異義語(Abc)が多い。次にその同音異綴異義語のひとつの見本を掲げる。以下に記すのは,[セイコウ(セーコー)]と発音される〔同音〕が,文字は異なり〔異綴〕,意味も異なる〔異義〕語群である。

今この文を作成中のワープロで「セイコウ」と入力すると,次の7語が変換されて出てくる:

　成功　精巧　性向　性交　製鋼　性行　生硬　　　　〔これを①とする〕

『岩波国語辞典（第四版）』には,この①に加えて,次の4語が見出しとして出ている:

　正鵠　盛行　政綱　精鋼　　　　　　　　　　　　〔この4語を②とする〕

上記以外の語として『日本国語大辞典』には,2個の固有名詞などを除き,次の39語の見出しがある:

正孔	世交	正行	生光	正校	正項	正構	生壙
西行	西郊	成稿	青甲	制行	征行	青光	青皇
青香	青黄	制誥	青骹	政行	星光	星行	凄光
清光	清江	清高	清康	盛興	清曠	晴好	聖行
聖皇	誠惶	精工	精甲	精光	精好	精鉱	

〔これらを③とする〕

これら①=7語,②=4語,③=39語の合計は50語である。つまり『日本国語大辞典』には[セイコウ(セーコー)]と発音される同音異綴異義語(Abc)が50語立

項されている。

　使用頻度の高い語ほど，他の語への言いかえが可能のようにも思えるが，逆に日常なじんでいるだけに，抹消してしまうのは困難なはずだ。だから同音異綴異義語は，ローマ字で書かれても，そのままの形で併存し続けるだろうと思われる。さらには，同音異綴異義語について語る時，圧倒的多数の日常使用頻度の低い語彙を無視したままで済ませるのかどうかが，見解の分かれ目になる。そもそも，それらの語の多くは，他の語への置き換えが不可能なものなのだ。

　表記法の改変について論じる時には，未来を指向するのが大切なことは当然のことだが，何より，過去の文化となぜ断絶するのか，その点を考える必要があるだろう。そして，過去を抹殺するような機械文明とそのような機械文明を受け入れる社会が必要なのか，あるいは，文化を継承育成するような機械文明とそのような機械文明を受け入れる社会が必要なのか，どちらの考えを採用するかが，見解の分かれ目になる。

　情報革命と言語については，以上の問題点を確認しただけで，以下ではより一層古典的だがこれまた未解決の，それゆえ考察に値するテーマをとりあげる。

3.　漢字仮名交じり文と漢字制限 —— 表記法は無限

　日本語の現行の表記法では，学校教育での教科目としての「国語」とも関係することだが，常に二つのことが論議の種となる：

　〔A〕ひとつは，漢字仮名交じりの表記法から起こる送り仮名の方法について，
　〔B〕もうひとつは，漢字制限について，

である。

　この〔A〕の送り仮名問題に関しては，「訓読みになる（する）場合には漢字を一切使わず，すべて仮名表記にする」という規則を確立する以外に，完全な解決策はありえない。その具体例を「表3　表記のいろいろ」に少々記す。

　この表の(1)から(8)までの各群の表記の中から，漢字を含む表記をひとつだけ採用し，他を完全に捨てる規則を作っても，それを全員が無条件に絶対的に受け

● 第5章 表記法について

(1) わかる	(2) わける	(3) あかるい	(4) あきらかだ
分かる	分ける	明かるい	明きらかだ
分る	分る	明るい	明らかだ
		明い	明かだ
			明だ
(5) ゆく	(6) おこなう	(7) ありあわせ	(8) くみあわせ
行く	行う	有り合わせ	組み合わせ
	行なう	有合わせ	組合わせ
行った	行った	有り合せ	組み合せ
	行なった	有合せ	組合せ
	行こなった	有合	組合

表3　表記のいろいろ

入れることができるのだろうか？　そのようなことがありうるのだろうか？　そもそも，すべての表記を満足させる，まったく合理的なルールというものが作れるのだろうか？　合理的な規則なしで，個々の語に唯一無二の表記法を与えることなど可能なのだろうか？

　そして，(4)と(8)のそれぞれ最後に記した表記は，もはや別語の表記としか認められないだろう。(4)はたとえば「あの人の名前は明だ。」，(8)はたとえば「健康保健組合」のような所に現れる。

　小泉保が言うように「正書法は一語一表記を建て前とするが，漢字・仮名・ローマ字のような表意・音節・字母という異質の文字体系を混用している日本語にはそういかないところに業苦のようなものがある。」(『日本語の正書法』，p.20) と認めてしまえば，ひとつ楽になるようでありながら，ひとつの発音に対して複数の表記を存立させる口実を与えただけで終わるのかもしれない。それは結局，現状肯定の発言である。そして小泉の発言のようにしか言えないのが日本語の表記法なのである。

　次に，論議の種となるもうひとつの方，〔B〕の漢字制限についてだが，これに関しては，膨大な数の漢字を野放しにしておくより，一定の枠づけをした方が，せめて行政・司法・学校教育・日常のマスコミ等の分野では，効率がよくなるのは当然だ。制限，という発想の原点はここにある。

そこを原点にして，当用漢字表1850字は，1946［昭21］年11月の内閣告示以来，35年間続いて使用された。そして1981［昭56］年10月1日に，この表に95字増やした常用漢字表1945字が告示された。

当用漢字は，法令・公用文書・新聞・雑誌・放送などで，現代日本語を書き表わすために日常使用する漢字の範囲を定めたものであった。これは，科学・技術・芸術その他の各種専門分野や個人の表記を制限するものではなかった。だが，実際には，学校教育の現場の状況や日常目にする新聞雑誌などの影響から，当用漢字の使用のみが強制されていると国民は判断していた。

一方，常用漢字は，当用漢字が目指した，漢字使用範囲の枠づけという観点を放棄して，漢字使用に際しての目安になることをねらいとした。ということは事実上，漢字使用制限を撤廃したと解釈されるようになった。

いずれにしろ，当用漢字表や常用漢字表そして現代仮名遣いの制定ということは，公用言語(official language)という観点からの日本語表記法の制定であったとは言える。

このようにして，新しく常用漢字表が制定されてから，間もなく20年になる。この表は，中学校では「大体読めるようにする」こと，高等学校では「大体読み書きできるようにする」ことを目標としている。

ところで，小林一仁によれば，国立国語研究所が1976［昭51］年に行なった単行本や雑誌などの使用漢字調査では，次のような結果を得たという（「中学校での常用漢字学習の課題」，p.30）：

① 調査延べ字数は約530万字で，その異なり字数は4520字種であった。
② この4520字種の使用頻度をみると，そのうちおよそ1000字程度で全体の91％を占めていた。
③ さらに1000字ほど追加したおよそ2000字程度で全体の99％を占める。
④ つまりは，異なり字数4520字種のうちの半数以上は，使用頻度の面からみれば，ごく稀な文字，使用頻度が1％に満たない文字ということになる。

したがって，常用漢字表の1945字に，表外文字で習得済みのものや人名漢字な

ど，若干の文字をプラスすれば，現代日本語文の99％はおさえることができる，ということになる。

　この調査で，それ以前の当用漢字の1850字よりも，それに95字増やして制定された常用漢字の1945字の方に，より一層近い数値の2000字で全体の99％に達する，という見解が得られたのだが，そのことは，この調査の5年後に制定された常用漢字の正当性を裏書きしてはいるのだろう。

　一方，調査の資料にされたそれらの単行本や雑誌類が，できるだけ漢字を控えめに用いようと努力しても，異なり字数4520字種という多くの数字が得られた，とみることもできるだろう。となると，常用漢字表の字数をふやせば，そのような教育を受けた結果の書き手の使用漢字もそれなりに増える可能性がある。

　なお，この常用漢字表はどの国語辞典にも載せているようだが，その表が本来担っている意義や趣旨を説明した「前書き」は省略されているようだ。それは次のようなものだ：

① 　この表は，法令，公用文書，新聞，雑誌，放送など，一般の社会生活において，現代の国語を書き表わす場合の漢字使用の目安を示すものである。
② 　この表は，科学，技術，芸術その他の各種専門分野や個々人の表記にまで及ぼそうとするものではない。
③ 　この表は，固有名詞を対象とするものではない。
④ 　この表は，過去の著作や文書における漢字使用を否定するものではない。
⑤ 　この表の運用に当たっては，個々の事情に応じて適切な考慮を加える余地が残されている。

　現代の日本で日本語を書こうとする者はこの前書きを知っていた方がよい。

　さて人名漢字は，今日現在，2111字の使用が公認されている。その内訳は，1981［昭56］年10月1日に告示された常用漢字の1945字と，それに人名用漢字別表と称するものの166字を加えたものだ。このように人名の使用枠を限定することで，言語共同体の理解度を滑らかにしようとしている。この漢字制限の発想法の根底には，漢字は言語共同体の成員が共通してもつ文化財だという考えがある。漢字

使用を個人の自由や勝手気ままに任せてしまうと，共同体の成員に迷惑をかけることになる，というのだ。

ただし人名漢字に関しては，使用漢字は制限されているが，その読み方に関しては自由にまかされている。ここから，個性豊かな名前という親の願いが結果的に難読の名をつけることになるという，上記「共同体の成員に迷惑をかける」ことに関係しそうな現象も現実に起きている。これではイタチごっこではないか？

また，新生児につける名は，多少の許容字体はあるものの，常用漢字表の字体を使うよう要請されている。一方，姓の表記法は戸籍に登録されているままで，という法務省の指令で，旧字体が強制されている。ここに，姓の表記における旧字体と，個人名表記における新字体の二本立て体系という矛盾や厄介が存在することになる。常用漢字と戸籍表記とのズレの見本例として，次のようなものをあげておこう〔斜線の左が常用漢字，右が戸籍表記〕：

浅／淺；　鉄／鐵；　斉，斎／齊，齋，齎，齏；
辺／邉，邊；　満／滿；　沢／澤；　実／實，など。

これらの戸籍表記は，新聞の一般記事中では新字体を使用しているようだ。本人の署名記事中では旧字体を使用する人，新字体でも可とする人など両派に分かれるようだ。テレビニュースの人名表記では，姓の旧字体表記を見かけることもある。なお，戸籍に登録されている文字は，印刷字体によるものではなく，手書きだから，その多様な書体がそのまま承認されることになる。その具体例として，伊藤英俊『漢字文化とコンピュータ』の65ページには，上記「辺」の異体字「邉・邊」に加えて，さらに手書きの15字，「満」の異体字「滿」に加えて，さらに手書きの14字を記した表が掲載されている。

ところで，われわれの周囲には，いったい，どれほどの漢字があるのだろうか？ 1981年に文部省から告示された常用漢字は1945字からなることは上にも述べた。一方，1997年のJIS漢字コードは6355字ある。この両者の数はあまりにも開きが大きすぎるのではないか。日常見慣れて使い慣れている漢字をはるかに上まわるものがワープロやパソコンで使えるということだ。しかし，次の諸辞典に比べれ

ば，まだまだ少ない．とは言いながら，そんなに多くの漢字を使いきれるものではない．なお，『大漢和辞典』以外は全て中国で刊行された書物である：

『説文解字』(100年)	9,353字	
『集韻』(1039年)	53,525字	
『康熙字典』(1716年)	47,035字	
『大漢和辞典』(1959年)	48,902字	（全13巻）諸橋轍次著
『漢語大字典』(1990年)	約56,000字	（全8巻）
『中華辞海』(1994年)	約85,000字	

4. 日本語の表記法に関するアンケート ——— 問いはやさし答えは至難

上に述べたように，日本語の表記法はいろいろな問題をはらんでいるが，そのことを日本人はどう認識しているのか？ その代表として，学生たちに質問することがある．言語学関係の授業で，私は日本語の表記法に関して次の3点にしぼって受講生からアンケートをとることがある：

1. 日本語は分かち書きをしないで表記されます．その理由を述べなさい．
2. 日本語の句読法は確立されていると言えるでしょうか？ その理由も述べなさい．
3. 日本語の正書法は確立されていると言えるでしょうか？ その理由も述べなさい．

以上の3項目がアンケートの原文である．これは，みんなの日常の日本語観を聞くためだから，参考書を探し出して丸写しをしたりしてはだめだ，あくまでも自分の常々の考えを書くように，もし，考えらしいものがなければ「なし」と回答して結構だ，ということを徹底させながらアンケート用紙を配付する．

ただ学生は，長年の習慣で，教師の質問というものには唯一無二の解答があらかじめ存在していて，それを見抜いて答えない限り認められない，さらにまた，自分の考えが仮にあってもそれを表に出さない方がよい，と思っている傾向が非常

に強い。そのような人に対して、あえて自分の考えを書けと願うのである。
　私の方としては、彼らが、分かち書き(word division)、句読法(punctuation)、正書法(orthography)などの概念をどのように理解しているのかも知りたい。ごく稀には、参考書の丸写しらしい回答ももちろん見られるが、一方「この項目は今まで考えたこともない。」「よく分からない。」「(分かち書き・正書法に対し) この語は初耳です。」などという感想も、かなりある。
　さて、以上の各項目に対しての彼らの回答を次に見よう。そこには、先に書いたように学生の日本語観が見出されるのだが、それは彼らがそれまでにどのような言語教育・日本語教育を受けてきたのかも示していて、興味深く読める。

4－1. 第1の設問　分かち書きをしない表記とその理由

　この設問には何よりも、学生のほとんど全員が「分かち書き」という語が理解できない、つまりこの語に今まで一度も出会ったことがないという。アンケート用紙を配付すると早速、分かち書きとは何かという質問が出る。
　2番目3番目の設問も読んでからなら異なった質問になるのだろうが、まず最初の設問の分かち書きが目に入って、それについて問いただすことになる。質問されればもちろん答えるし、あらかじめクラス全体に説明してしまう場合もある。ただその場合でも、説明が耳に入らず、あるいは聞かず、あるいは理解できず、独断で記入する学生もかなりいる。
　学生たち誰もが知っている、ローマ字での表記方法や、日本語でも幼児の絵本や小学低学年の国語教科書の表記方法などを引き合いに説明すれば、この用語には初対面でも、その現実は先刻承知していて、理解は容易だ。
　こうして、分かち書きという概念を一度きちんと理解してしまえば、後は楽であるらしい。その大方は、漢字仮名交じり文・文節・用言・体言・助詞・助動詞などという文法用語〔これらは学習済みの概念ばかりだろう〕を適切に使用し、それらが存在するゆえに分かち書きが不要なのだということを指摘する。
　この裏では当然、欧米諸言語のアルファベット1種類使用による表記の場合には分かち書きがおのずと要求されることが納得される。朝鮮語韓国語には、日本語と同様、助詞や助動詞があるのだが、文字としてはハングル1種類のみを使用

●第5章　表記法について

するから，分かち書きをすることになるのだ，ということも理解されるだろう。また，中国語の表記は漢字1種類のみの使用だが分かち書きはしない。これは，欧米諸言語のアルファベットで表記された1語の表意性に匹敵するものが漢字1字の中にある，とみなせるからだろう。というように，これらの言語を学習している学生には，そこまで理解の範囲が広がってゆくようだ。

　以上，学生たちが習熟している英語の基本構造及び英語表記の基本に照らして，彼らはそれとは異なる日本語の基本構造及び日本語表記の基本を的確に把握するようになり，理解できるようになる。外国語の学習と母国語の学習の有効性及びその接点のひとつ，すなわち，複数言語学習の意義がここにも見出されるはずだ。

　上記とは異なる返答のうち，興味ある見解を少々記すと：

①　点字は縦3段横2行の6点ですべての文字を表わすから分かち書きを要求されるのだが，墨字〔点字に対して，晴眼者の文字〕は漢字仮名交じり文なので，目で見てすぐ意味が分かる。だから，分かち書きは不要だ。〔Mさんのこの解答は仮名と点字との共通項を見抜いている答えだ。〕

②　中学時代，友人間で流行った平仮名だけでの文通ではきちんと分かち書きをしていた。〔Uさんのこの報告は前述の絵本の表記法の実体験と言えるだろうし，それが強制される状況の体験であったとも言えるだろう。〕

③　漢字仮名交じりで表記される日本語を分かち書き表記したら，かえって読みにくくなるだろう。〔D君のこの意見は漢字仮名交じり文というものが本質的に持つ読み取り易さ(readability, legibility)を的確に指摘している。〕

表4　日本語仮名文字の点字表記法（部分）

4－2. 第2の設問　句読法の有無とその理由

先の設問とは違い，こちらの「句読法」という概念を知らない学生はいないようだ。もちろん，彼らは「句読点」という言い方で心得ている。

ただ，句点と読点の区別のはっきりしない学生がごく少数いる。文の表記では，文中でまずテン〔、〕を使い，そして最後に文末にマル〔。〕を使うからだろうと思うが，句点＝テン〔、〕，読点＝マル〔。〕と誤って逆に覚えてしまっている学生がごく少数いる。

さて，表記の現実として句点は文末に打つものであり，そして文末の認識は日本語では容易なことであるから，「句点そのものの打ち方は確立している。」と，読点と切り離した答えも結構ある。

ところで，この第2の設問に関連する「日本語の句読法」だが，これはいわば，幽霊的存在だ。「句読法」という語は存在するが，「句読法」という規則・ルール・掟・法は存在していないのだ。小泉保が「日本語の句読法は野放し状態」と喝破している（「句読法概説」，p.5）ことはすでに拙著『コトバの原風景』p.24で言及してある。

この句読法に関してのもっとも典型的な答え方は次の二つのようなものだ。どちらも，確立されていない，と答えている：

〔A〕　小学校から高校までの国語の時間に，句読点をいかに使うかということを明確に説明してくれた先生は，一人もいなかった〔この種の返答は多い〕。

もちろん逆に，学校できちんと学習した，と述べるものも複数ある。文末には句点を打て，とだけ指導されたとか，自分の息づかいに合わせて読点を打つように，と言われた，とかいうのもある。ここで言う「息づかいに合わせて」は尾崎左永子の「たおやかな息づかい」と同じだ〔尾崎に関しては，拙著『コトバの原風景』p.25参照のこと〕。

〔B〕　いろんな作家の書いた本を見ればよい。独特な句読点のつけ方をしている人がいる。つけ方ひとつでだいぶ感じが変わるので，やはり書く人が決めるも

のだ。

そして、今書いているこの文もいろいろに読点が打てるはずだ、と述べて、E君は2・3とおりの例を示してくれた。

上記の〔A〕を主として書く体験型の報告とみるなら、〔B〕は主として読む体験型の報告とみることもできる。以下に類似のものを少し記す：

① 同じ文を点の位置を違えて書いて、どちらが正しいかと先生に聞くと、どちらも正しいと言われた、という実例体験をJ君は報告してくれた。
② 自分の考えで読み易いと思ってそこに読点を打っても、果してそれが読む側にとって読み易いのだろうか、とYさんは懐疑的な記入をした。
③ その時の気分で打っているとか、感覚だけが頼りです、というタイプも多かった。依るべき規則がないのだから、こうなるのだろう。これは、日本語は非論理的だという俗説・邪説と、ある箇所で見事に通底する見解だ。

もちろん、「確立されている」と答える学生もいる。ただし、その場合、厳密ではなくかなりゆるやかな規則であって、読み手のために「読みやすさ」を基準にして、「つけてあげる」という態度のようである。

4−3. 第3の設問　正書法の有無とその理由

この設問では「正書法」という用語を的確に理解できていない学生がかなりいる。というより、むしろ、きちんと返答できる方が少数派なのだ。

たまりかねて、ここだけ、この語だけ、辞書にあたってその定義語釈を見たという学生もいて、しかし、多分「語の正しい書き表わし方」という類の定義語釈にぶつかり、それだけで、分からない、と匙(さじ)を投げてしまった者もいたようだ。試しに今、手元の辞書にあたってみた。(a)は『旺文社詳解国語辞典』、(b)は『岩波国語辞典(第四版)』の定義：

(a)　その国で使用する言語の、社会一般に正しいと認められている、ことばの書き表

し方。また，その体系。正字法。
(b) 語の，正しい書き表し方。また，一言語を書き表す，正しいしかたの体系。正字法。▷ orthography の訳語。

これらは，その内実を知らない者には，理解しにくい表現ではないか？　第3章の「3－1.同音同綴異義語(ABc)」で「地階」の説明をした所でも同じことを述べておいた。なお，上記の両辞典の末尾に記入されている「正字法」は，どちらも，独立見出しには立てていない。

さらに言えば，これら二つの辞典よりもより一層具体的な記述をしている(c)『新明解国語辞典(第四版)』でさえ，正書法という語にまったく無知であれば，完全な理解は容易ではない。この辞典での記述は次のとおり：

(c) 社会で一般に正しいものと認められている，言葉の書き表わし方。たとえば，英語をアルファベットで，日本語を(漢字と)かなで書く場合など。オーソグラフィー。

この記述で「漢字と」の部分を丸カッコ(パーレン)でくくった理由がはっきりしない。日本語の一般的記述法は漢字仮名交じり文なのだから，丸カッコを使わなくてもよいのではないか？　なお，この辞典でも，「オーソグラフィー」を独立見出しに立てていない。

仮に日本語辞典を引いてみても決定的な解決にはならなかったようだし，正書法という語を前にして，具体的に何をイメージしていいのか本人にも分からないらしく，こんな設問があるからには，現実に様々な表記の仕方があるのだろう，と，頼りない見当をつけて，そのような思いこみをもとに考える。そして最終的な記入だけは，必ずしも確立されていないと思う，と字面の上だけでは遠くもない答えを述べることになる，らしい。

このような，概念の正確な把握からはずれた返答には，驚くべきものがある。それは，次のようなものだ：正書法＝文字を正しく書く法，と思いこみ，習字の筆使い・書法に関して述べるもの，漢字の旧字体・新字体・略字の区別とみるもの，小論文練習用の書き方見本に代表される作文組み立ての類とするもの，原稿用紙

● 第5章 表記法について

　の書き方だと思うもの，年賀状や暑中見舞いなどの決まり表現だと片づけるものなど，実に多岐にわたる。

　現在の日本語の正書法を語るにあたっての基本語彙「常用漢字表・現代仮名遣い・送り仮名・同一語の漢字や仮名による複数の表記法・義務教育・官報新聞雑誌などの出版物・国語審議会・文部省・内閣告示」などを適宜使用して，この枠の中でなら，確立していると言える，という答え方も若干あった。一方，確立していない，とする返答も，もちろんあった。その代表的なのは：

① 常用漢字表と言い，人名漢字表と言い，どれも主観的な線引きでしか決めようがないのだから，正書法が確立するとは言えない，という的確なもの。(Nさん)

② 「短い」と書こうが「短かい」と書こうがいずれにしろ合理的な送り仮名を確定するための根拠もないのだから，あるいは，「嬉しい」「うれしい」のどちらで書いても通用する，つまり同一語の漢字と仮名による2種類の表記が可能なのだから，正書法が確立しているとは言えない。(Aさん)

③ 「女」と書いて「ひと」と読ませる，いわゆる二重表記をあげ，正書法は確立できていない，と述べる。「恋人同士」に「アベック」や「カップル」，「自家用車」に「マイカー」とルビを打つ類は日常多く見られる，とも言う。(W君)

④ 正書法を確立しようと，その時その時の社会状況・時代状況に合わせて改定するから，結果的に複数の正書法が存在することになり，それが，確立していない現状を生み出している。(Iさん)

⑤ 「鼻血」と「地面」の現代表記の仮名書きは「はなぢ」と「じめん」。「はな」＋「ち」＝「はなぢ」はいいが，後者では，語の複合の由来〔「ち」＋「めん」〕を踏まえれば正当なはずの表記「ぢめん」が排除されてしまった。この現代仮名遣いの矛盾を例示して，歴史的仮名遣いの方が正当だと指摘する答えもあった。(H君)

⑥ 歴史的仮名遣いの同調者を名乗って，現代仮名遣いを指弾する返答。(K君)

　この④⑤は，日本語の正書法の歴史的事実をみすえた答え方である。一方，上

の①から③の記入は，日本語の正書法の本質をついたとらえ方である。

　ただし，この歴史的変遷を意識した場合でも，定家仮名遣い〔藤原定家(1162－1241)：平安末期鎌倉初期の歌人・歌学者〕や契沖の仮名遣い〔契沖(1640－1701)：江戸前期の国学者・歌人〕，明治以降の文章表記に用いた旧かなづかいなどの長い時間を念頭に置いた上での歴史的仮名遣いと，一方，現代仮名遣いの差異を比較しているように見えるものもあれば，20世紀後半の現代仮名遣いの枠内での数次の改定のみを念頭に置いているらしいものもあり，その境界線はあまりはっきりしない。いずれにせよ，このような返答になるのは，レポートや論文を要求しているのではないこのアンケート自体の限界点と思われる。

　以上を要約すれば，最初の「分かち書き」という語はその概念に無知であり，一方，次の「句読法」に関してはほとんど共通の地点から出発するが，最後の「正書法」という用語は誤解が多数であるというふうに，三者三様の傾向がみられるということになる。

5.　アンケートのまとめと発展 ── 答えきれない答え

　以上三つのアンケートの学生たちの解説・説明を通じて言えることは，高校までの国語の時間にこのようなテーマ・問題になじんでいなかった，そのことがよく分かる記入が圧倒的に多い，ということだ。先に「彼らがそれまでにどのような言語教育・日本語教育を受けてきたのか？」と私が記したのはこの点である。

　さて，以上の設問に私の方から学生に示す考え方の大枠は次のようなものだ。その際，学生の答えから得られた上記のような多様な見解をも併せて紹介し，更にふくらみや奥行きを持たせようと努めることはもちろんである。

5－1.　日本語が分かち書きをしないで表記される理由

(1)　日本語は一般に，漢字と仮名の交ぜ書き〔漢字仮名交じり文〕で表記される。

(2)　その際，名詞・動詞・形容詞〔さらには副詞〕など，文節の主要部を占めるものに多く漢字が用いられ，文節末に来る活用語尾や助詞・助動詞は仮名で表わされる。

(3)　そのように表記された文では，漢字は意味読みとりの目安となる。

(4) 以上のような交ぜ書きが，おのずと，分かち書きの代行に近い働きをしてくれることになる。

(5) もし全体を仮名書きあるいはローマ字にすれば，必然的に分かち書きが要求される。

(6) 分かち書きをしないのは，歴史的には，漢文表記〔中国語の文字表記〕の模倣でもある。

(7) 漢字使用の度合いが少なくなれば，分かち書きをしないと読みにくくなる：

    (a) スモモモモモモモモハモモ 「スモモモ　モモモモ　モモハ　モモ [スモモ　モ　モモ　モ　モモ　ハ　モモ](李も桃も桃は桃)」

    (b) ハハハハハジョウブダ 「ハハハ　ハハ　ジョウブダ [ハハ　ハ　ハ　ハ　ジョウブダ](母は歯は丈夫だ)」

    (c) オヤジシンダ 「オヤ　ジシンダ（おや地震だ）」／「オヤジ　シンダ（親父死んだ）」

    (d) ココデハキモノヲヌイデクダサイ 「ココデ　ハキモノヲヌイデクダサイ（ここで履物を脱いで下さい）」／「ココデハ　キモノヲヌイデクダサイ（ここでは着物を脱いで下さい）」

5－2. 日本語の句読法が確立されていない理由

(1) 第1の設問で見たように，漢字仮名交じり文は分かち書きをしなくてすむのだが，それは，文節をおおむね指示できるためである。

(2) 文末に用言活用の終止形や終助詞などが来る文構造なので，おのずと，そこが句点の位置であることが分かる。

(3) 読点の打ち方は，文章の性質，息の継ぎ目や口調など，書き手の好みや癖，つまり，個人差が優先される。ということは決定の幅が広い，ということでもある。

(4) 縦書きは，元来，句読点を使わない書き方から出発してきた。それに対して，横書きは，欧文の句読法を手本にして，それに準じた表記が可能である。つまり，横書きの方が，句読点の種類が多く，豊かに句読法を使った文表現が可能である。こうして，タテヨコの2種の表記法が存在し，それぞれに別個の多種類の句読点が存在することになる。

〔なお句読法に関しては，後ほどあらためて，第6章「句読法について」で考察する。〕

5－3. 日本語の正書法が確立されていない理由

正書法とは，文字表記の社会的規範だから，語と文字表記の一対一の対応を求めたいのだが，日本語ではそれは厳しすぎる，とみる意見もある（小泉保『日本語の正書法』，pp.20－1）。現実には，以下に見る例のように多様な表現が可能だ。

しかし，たとえば学校教育の場では，それらの各項目にわたって，それなりに一定の規則が確立していて，混乱は避けられていると見る立場もある〔『国語学大辞典』「正書法」の項（pp.543－4）参照のこと〕。事実，正書法の徹底に関しては，学校の国語の授業をはじめ，書く訓練の中で大きな比重を占めていると言える。

そこで，義務教育制度としては一応確立されている，と断わった上で，現実の多様性を示すために次の7点をあげる。ここに示した例そのものが現実社会に複数の正書法が存在していることの証明である：

(1) 同一語を漢字・ひらがな・カタカナのいずれでも表記可能である：
 (a) 私／わた（く）し／ワタ（ク）シ
 (b) 薔薇／ばら／バラ
(2) 同一文字に対する読みが複数ありうる：
 (a) 上手 [じょうず／かみて／うわて]
 (b) その後 [そのゴ／そのアト／そのノチ]
 (c) 終る [オエる／オワる]
 (d) 認める [ミトめる／シタタめる]〔しかし，「手紙をシタタめる」という成句は，今ではやや古風な表現で日常なじみが薄くなったし，「シタタめる」という読みが常用漢字表の訓にはないから，「手紙を認める」は「手紙をミトめる」としか読んでもらえない恐れがある。〕
(3) 上の(1)や(2)とは逆に，同一音の語〔類義語や同音異綴同義語(AbC)〕に複数の漢字を当てることができる：
 (a) カナシイ「悲しい／哀しい／愛しい」
 (b) セリフ「台詞／科白」

また，好字（佳字）の類で，「寿司」「護美箱」「お手富貴」「お芽出とう」などの当て字表記もある。これは地名人名にめでたい文字を当てるなど，古来の伝統でもある〔大倭を大和に (757年)，山背を山城に (794年) など〕。その反対の場合を仮に，ののしり字と言うことにして，「鬼理支丹」「洋鬼」「暗愚魯」の類をあげておこう。好字・ののしり字は一種の戯書・戯訓としても用いられる。

(4) 送り仮名に完全な規則を立てることが出来ない：
   (a) 行った〔「行く／行[な]う」の過去〕
   (b) 謝意を表す [ヒョウす／アラワす]
   (c) 恥い，恥しい，恥かしい，恥ずかしい

   常用漢字表の訓読みに従えば「ウケタマワル」は「承る」と書けるのだが，漢字1字に5音もの負担をかけるのはかなりの例外なので，俗用では「承けたまわる」と書いたりする。「受け承ります」という広告も見かけた。

(5) 漢字制限により表記法を変えたものがある：
   (a) 「輿論→世論」「沒年→没年」のように，当用（常用）漢字内に移行したもの。
   (b) 「戦争勃発→戦争ぼっ発」「一縷の望み→一るの望み」「拿捕→だ捕」のように，漢字と仮名の交ぜ書きにするもの。
   (c) ただし，たとえば，制限漢字を含む「語彙」という漢語表現を例にすれば，その制限されている「彙」の方を仮名書きにして「語い・語イ」とすることも，全体を仮名書きにして「ごい・ゴイ」とすることも，また「語彙」と書いて「彙」の方に「い」とのみルビを打つことも，「ごい」と全体にルビを打つことも可能であるなど，表記の仕方はここでも書き手の好みにまかされている。
   (d) 「漢字仮名交ぜ書き」の例として学生の回答に多く見られたのは
      「社長ら致される ← 社長拉致される」
   であった。これは，その当時世間を騒がせた事件で，新聞紙面等に大きく書かれ，しかも，一瞬「社長ら　致される（シャチョウライタサレル）」と誤って読み取れば，意味が不明となり，そこで首をかしげた経験があり，それで

記憶に残っていたということなのであろう。〔最近では「拉」が常用漢字表外の字なのに「拉致」という表記が新聞などで市民権を得たようである。〕

(e) さらには，当用漢字表にしろ，常用漢字表にしろ，その成立の趣旨に照らし合わせれば，制限されている漢字も一般社会・一般人での表記では使用可能である：

旅烏；剃髪；屑籠

(6) すべてを仮名書きするのなら，正書法は確立させることができる。せめて，活用する語だけでも仮名書きにすれば，統一された正書法に大幅に近づく。
(7) 縦書き・横書きで数字の表記法が異なる。

以上のうち，(5)の漢字制限に関して一言補足する。アンケートで漢字制限という面を指摘したものは皆無であった。これは多分，日常の国語の授業範囲では，制限されている，という意識も持たずにその枠の中だけで学習している，あるいは，そのような意識も持たされずに学習させられていることの裏返しなのであろう。教える側も教えられる側も，これだけ学べばいいのだ，と思ってしまえば，それ以外の漢字の存在を知ってはいても，それは枠外のものということになってしまうわけだ。

6. 外国語表記とカタカナ ─── 悪貨は良貨を駆逐する？

次の例は，フランスの作家ギー・ドゥ・モーパッサン (Guy de MAUPASSANT, 1850-93)の短編小説『漂着物 (*L'épave*)』(1886)からの借用である。

保険会社勤務の私は大晦日に岸に乗り上げた船の緊急調査を命じられる。通りがかったイギリス人がその娘3人を連れて現れ，船内を見て回る。満潮になり私たちは帰れなくなる。寒さがつのる。12時になるとそのイギリス人は私に新年の挨拶をする。間もなくみんな助けられる。その娘のひとりと20年後の今も文通している。以上の事々は，自分の心に漂着したものでもある。

こんな粗筋だが，ここで作者は，イギリス人の発音や文法面での間違いを表記して，英語風フランス語，外国人風フランス語の見本を見せてくれる〔なお，並のフランス語をカッコ内に記しておいた〕：

● 第5章　表記法について

(1) Puis après quelques secondes, il parla : / «Aoh, môsieu, vos été la propriétaire de cette bâtiment?/—Oui, monsieur. /—Est-ce que je pôvé la visiter? /— Oui monsieur.» / Il prononça alors une longue phrase anglaise où je distinguai seulement ce mot : *gracious*, revenu plusieurs fois. (Guy de MAUPASSANT, *L'épave*, p.662) (Oh, monsieur, vous êtes le propriétaire de ce bâtiment? —Est-ce que je peux le visiter?) それからちょっとして彼は話した。/「あのう，お宅様がこちらの船主さんでしょうか？」/「ええそうです。」/「見せてもらってよろしいでしょうか？」/「ええ結構です。」/次に彼は長々と英語をしゃべったのだが，私に分かったのはただ，彼が何度も口にしたgracious「すばらしい」という語だけだった。

(2) Vous n'avez pas trop froid, miss? — Oh! si. J'avé froid beaucoup.(*Id.*, p.665) (J'ai très froid.)「寒すぎませんか，お嬢さん?」「ええ。とっても寒いわ。」

(3) Môsieu, je vous souhaite bon année.(*Id.*, p.666)　(Monsieur, une bonne année.)「明けましておめでとうございます。」

　発音だけでなく，文法上の間違いまでもモーパッサンは写し取った。よそ者(STRANGER=外国人)が使うから，母語話者には奇妙に聞こえてくる。そこを写し取っている。英語もフランス語も共に同じラテン文字で表記するし，そのラテン文字は表音文字だから，万全の表記が可能なはずだ。

　このようなことを日本語に関して日本人がやろうとすると普通にはカタカナを用いる。外国人のいわゆるカタコト日本語，あるいは習得未熟な日本語の表記にカタカナを用いるのは，その発言の意味内容の面以上に，音そのものに焦点を当てていることを強調するための手段だろう。

　日本語の歴史では，カタカナは漢文訓読の道具として，かつて，たとえば，僧侶らが使用した。訓点の表記というものがそれだ。学生が外国語教科書に発音をカタカナで書くのも，その流れだろう。今日現在の，カタカナによる借用語の表記も，その，外からやって来た語の発音を表記するための手段として，過去の伝統を受け継いでいると言えるだろう。

　さて，外国人の日本語での表現を文字化する際，上に記したように，たとえば，「ニホンゴトテモムズカシイデス。」などと，テレビの字幕や新聞雑誌などがあま

りにも無神経にカタカナを乱用しているのではないかと，憤慨する日本人がいるし，同じ感想をもつ外国人もいる。外国人の日本語での発言に対するカタカナ表記の乱用は，対人関係の無神経さ，相手への思いやりのなさの現れ，と見ることが可能だろう。

相手が外国人だ，日本人ではないと分かると，相手が英語以外の言語ができるかどうかも確かめないで英語で話しかける日本人，相手に多少の日本語の理解力があると分かると，カタコト式日本語で応対する日本人，など憤慨の対象にしたくなるケースはいろいろある。

日本人の発音する"HELLO"を，アメリカのある雑誌でわざと"HARROW"と表記したことがあったそうだが，それも同じ観点からのことだろう。日本人はLとRの発音の区別が大変苦手である。そこをからかっているのだ。こちらも面白がって，"Yokosú:ka, Kamakú:ra"などと真似たりする。お互い様の面もある。

話を日本語でのカタカナ表記に戻そう。借用語をほとんどカタカナで表記でき，現に表記している日本語〔cf. クラブ／倶楽部，コーヒー／珈琲〕では，そのカタカナが，漢字や平仮名の中にあって，ここに借用語ありと自己主張していると言えよう。それに対し，漢字使用の可能性を無視してハングルでしか表記しない場合の韓国語朝鮮語，拼音表記を別にすれば漢字でしか表記できない中国語，そしてラテン文字でしか表記しようのない欧米の諸言語などは，同一文字体系の中に借用語が埋没してしまい，読み取り易さ・読み取り度がひとつ劣ることにはならないだろうか？

中国語では，外国語からの借用の仕方に，音訳借用と意訳借用がある。音訳借用とは，外国語の音をできるだけ忠実に中国語に写すことであり〔例：modern → 摩登 módēng「モダン」; shampoo → 香波 xiāngbō「シャンプー」〕，意訳借用とは，外国語の意味をできるだけ素直に，中国語に訳して置き換えることである〔例：word processor → 文字処理机 wénzì chǔlǐjī「ワープロ」; drier (dryer) → 电吹风 diànchuīfēng「ドライヤー」〕。

ところで，中国語では，外国語を音訳借用しても，意訳借用しても，表記法が漢字ひとつなのだから，音訳するよりも，漢字に意訳してしまう方が目で見て分かりやすいのは当然ながら，耳から聞いた場合でもその漢字の連想から意味が取り

● 第5章 表記法について

やすくなる。
　ここには日本語でも類似の条件がありうる。「環境アセスメント」より「環境評価」と言う方が，「デイケア」より「日中介護」と言う方が，目にも耳にも分かりやすいはずだ。中国語もこれと同じなのだろう。
　以上述べてきたことをもとにして，ここであらためて，日本語の中に今日現在借用語が頻繁に用いられる現象を，文字法との関係にのみ限って考えてみよう。当用漢字表（1946［昭21］）や常用漢字表（1981［昭56］）を制定する前と後とを比べれば，当然のことながら，文章表記中に占める漢字と平仮名の比率は大幅に違ってきている。平仮名を多く用いるために読み取りにくい文があるし，読点使用法の不徹底などによる読み取りにくい文もある。平仮名のみの表記であれば分かち書きは必須であるが，漢字仮名交じり文では一般に分かち書きはされない。以上のような点との関係から考えても，カタカナコトバを平仮名の中に配置するのは読み易さという面で，目には大変ありがたいことになる。
　なお，「カタカナコトバ」と「外来語」は同じ意味だと解釈するかどうかについても，別途，問題がある。現に，漢字や平仮名でも書ける語をカタカナ書きにする場合があるからだ。つまり，平仮名の中に，漢字や平仮名の代わりに，カタカナを入れることができるということだ。今，私は「片仮名・片仮名言葉」ではなく「カタカナ・カタカナコトバ」と書いている。ここにも，私なりの表現意図，むしろ，表記意図はある。漢字や平仮名で表記できるものをあえてカタカナ書きすることによって，文字としてのカタカナに漢字や平仮名と同等の力量を認めようとしているのだ。俗には，「カタカナコトバ」＝「外来語」＝「横文字」＝「英語」という連関が了解されてはいるのだろうけれども。
　外国映画のタイトルが日本語に訳されずに，原題名をそのままカタカナ書きにして公開される傾向があるようだな，と数年前から私は見ていたが，この傾向は最近ますます強くなってきているのではないだろうか？
　日本人ミュージシャンの芸名や彼らの作る歌にカタカナが多いだけでなく，英語がそのまま入りこんでいるのも上と軌を一にしているのだろう。
　また，市販の若者向け・女性向けをはじめ新しく刊行されるいろいろの雑誌類の名前などは欧米の諸言語からそのまま拝借することが多い。その際，原綴りを

そのまま借用しているものも多々ある。

さて，仮に日本語をすべてローマ字表記する状況を想定すると，そこでは，借用語の使用に関しては現行表記とはまた違った問題が出てくるだろう。ローマ字表記の日本語文には，その借用語の語源語・起源語が，もとの綴りのまま，つまり英語などがそのまま，入りこむ可能性が大いにあるだろうから。そしてまた，日本語化した，英語などからの借用語を日本語ふうにローマ字表記したら，英語などの綴りも知らない奴と見下されることになるだろうから。

さらには，漢字仮名交じり横書きの場合をみよう。横書きの場合，そこにアルファベットを入れるのは縦書きよりも当然簡単だ。漢字仮名交じり横書きの中には，だから，ローマ字表記の日本語や英語など外国語そのものの綴りなども入りやすいだろうし，現に多くなってきている。

日本語をローマ字で書けばその中に欧米語の原綴などがそのまま挿入されることになるだろう，ということをかつてある原稿の中に私は書いたことがあったが，日本語のローマ字書きなどまるで望まない，当時の編集者側から，その部分は削除されてしまった。だが今，英語は横書きの日本語の中に侵入して平気でいられる時勢になった。「漢字仮名交じり」というより，もはや「漢字仮名英語交じり文」とも言える勢いだ，と言ったら，少し言いすぎだろうか？

今，書きコトバへの原語挿入について述べたが，話しコトバへの原語挿入も同じように言える。日本語で的確に表現しようとの努力を放棄して，外国語を使おうとする人がいるならば，そのような精神は多分，日本語能力の貧困を具現してしまっているのだ。

外来語はまた横文字とも言われる。そしてこれらは，話しコトバに言及する場合でさえも用いられる。たとえば「彼のしゃべり方には横文字が多すぎて閉口するよ。」などのようにである。そうであるならば，上の書きコトバの場合の原語挿入も同じように，人を閉口させる，ということになりはしないだろうか？　ここまでくると，外国語と借用語〔＝外来語〕は別物であるとはっきり認識できる人ほど，日本語へのバランスのとれた感覚を持つことができる，と言えるのではないか？

ただし，次の場合のように意図された行為は別だ。水村美苗の作品『私小説 from

left to right』(1995) と題するものは多分，日本語で書かれて出版された小説のうちで，横組み印刷の最初のものではないか？　これは，舞台はアメリカ，登場人物はそこへの留学生たち，ということで，作品中には随所に英語での会話も出現する。作者は執筆開始の段階ですでに，横組みで印刷することを前提にしていたのだと思える。

7.　カタカナの表記 ——— タヤアキはスポーシが好き

　われわれのまわりにはカタカナ表記があふれているのだが，その中には，単純な誤記ではない，カタカナそのものを知らないのだ，と思いたくなるようなものがある。街中の店頭ビラで，「スポーシ」とか「ツート」と書かれていれば，その状況からそれが「スポーツ」「シート」の誤記であることはすぐ判断できる。

　かつて，大勢の学生の提出書類を見る機会があったが，その時，私はあることに気づいた。その書類には氏名が自署されフリガナがふられているのだが，それらのほとんどは，カナが正確に書けていないため，氏名の漢字の方から逆に読みとらなければならないものだった。その後，提出物へのフリガナに気をつけて見ている。それらから言えるカタカナの特徴とは次の★に記したようなものだ：

★　シ・ツ・ミの区別のつかない書き上がりがある：「サトシ」とあるべきが「サトツ」；「アミ」とあるべきが「アシ」の類。先に記した「スポーシ」「ツート」もこの類である。

★　書き方・書き癖が乱暴・乱雑で，結果として誤記と思えるものがある：「タカアキ」と書くべき表記が「タヤアキ」，そして「シンヤ」と書くべき表記が「シンセ」の類。

「区別のつかない」と「単純な誤記」の二つに分けたが，その具体例の方は互いに他方に入れても差し支えないような例である。

　いずれにしろ，手書きの字体をそのまま複写したものを見てもらえれば，きっと，十分納得してもらえるだろう。印刷字体では「カ」と「ヤ」，「ヤ」と「セ」の違いはあまりにも明瞭だ。なお，本書に掲載した実例〔表5参照〕は別のグルー

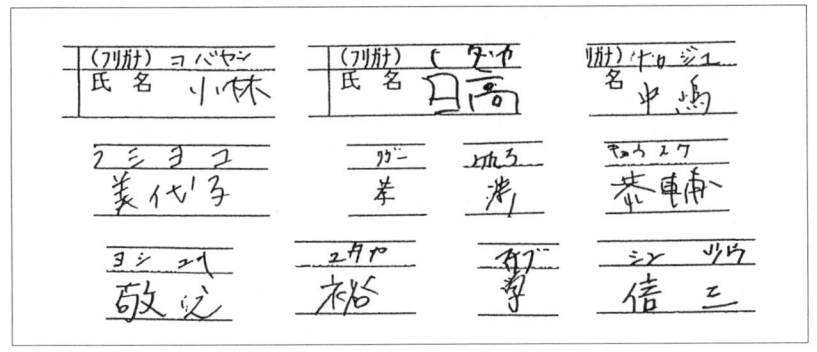

表5　フリガナの実例〔下の漢字がなければどれだけ分かるか？〕

プから借用したものである。

　今、上に「単純な」と書いてしまったが、フリガナもきちんと書けてこそ、自分の名前が正しく表記されたということになるのだ、だからきちんと書かなければならないのだ、ということに気づいていないらしい。このような書き方は、あるいは書き癖と言った方がよいのかも知れないが、正しく書けない書き癖とは、それはすなわち誤記である、ということに気づいていないらしい。また、次のようなものは、几帳面すぎてというか、後のことを考えていないというか、読む側への配慮がないと言えそうだ：

★　それぞれの漢字の真上にカナを書こうとするため、カナの2字が密着しすぎて、それらが1字のようになってしまっているものがある〔例：ナカシママサノリ〕。たとえば、「ナカ」でひとつの文字のように見えるほど密着しているのだ。そして、この最後の「ノリ」の3本の線がほとんど垂直に見えて、結果的に〈川〉の字に見えた。

　これも、印刷ではなく、手書きの字体をそのまま見てもらえれば、十分納得してもらえるだろう。読んでもらおうとする意識があれば、避けられそうなのが、次の場合である：

● 第5章　表記法について

★　「コ」を「ユ」とまぎらわしく書くものが多い：「ユウコ」とあるべきが「ユウユ」の類。

★　あわてて，あるいは夢中になってしまって，いずれにしろ冷静さを欠いて記したのだろうが，直前のカナを重複して書いてしまっているものがある：「タダシ」とあるべきが「タタシ」の類。

★　直前のカナと次に書くべきカナとの混交からか，正しい名前とは異なるカナを記しているものがある：「タケシ」となるはずを「タカシ」とする類。

つまり，最後の例では，TAKESHI の KE が直前の TA の中の母音に引かれて，それと同じ母音で KA となってしまっているのだ。日常話す場合にも，言い誤りの中に，これと同じ類の現象が見られる。たとえば，「旧火口」と発音しようとして，[キューココー]と言ってしまうのは，[kako:]の前の方の母音が後の母音に引かれて[koko:]となってしまうのだ。「御協力願います。」と言おうとして，言いにくそうで，「御」と「協力」の間で心持ち時間をとって発音する人がいた。彼は[ゴキョーリョク]と言おうとして[ギョキョーリョク]と言いそうになるのだった。後の拗音(ようおん)に引かれているのだ。発音上の牽引(けんいん)の現象である。早口コトバ成立の一因はここにある。以下に，早口コトバの例を少々記す：

　　お綾や親にお謝り／新進歌手新春シャンソンショー／第五交響曲に観客驚愕／青巻紙赤巻紙黄巻紙／A laurel-crowned clown「月桂樹の冠をもらった道化師」／Shall she sell seashells on the seashore?「彼女に海岸で貝殻を売らせようか？」／Caeser sighed and seized the scissors.「シーザーは溜め息をつくとハサミをつかんだ。」

以上とは次元を異にするが，次のようなものもある：

★　正書法〔ここでは，漢字の読み方とそのカナ書きの関係〕に無知なため，「ウ」を「オ」と書いているものがある：「イチロウ」とあるべきが「イチロオ」；「コウジ」とあるべきが「コオジ」の類。これらが，「イチロー」，「コージ」と表

124

記されるのは時間の問題だろうし，現にこう表記している固有名詞も出現している。

自分の名前のフリガナという，いわば些細なとも言えそうなことに私が興味をそそられたのも，実は，すでに国語学者の中田祝夫が1971年に「毎年大学入試の答案を見るが，確実にいって，近年の高卒者の何％かは片カナがろくに書けていない。ひょっとすると10％以上にも達しているのではないか。」と書いていた(『朝日新聞』，1971.12.6,「片カナの筆順と世代の断絶」)のを私は読んでいたからだった。そして中田は，平安鎌倉の仏僧たちもカタカナの筆順を誤っていたと述べて，

　歴史的に見れば，現在正しいと信じている筆順も，900年ほど昔に起った誤った書き方が一般化したものなのである。昔も世代の断絶が片カナの筆順に表れた。それにしても，今の学生たちの筆順が普及すれば，それが正式のものとなる時代が来るかもしれない。変な気がする。

と結んでいる。

今私がこれを書いている2000年現在に大学生活を送っている人たち，その人たちがまだ生まれてもいなかった頃にすでに，「高卒者の10％以上も片カナがろくに書けていなかったらしい。」となれば，今は何％なのだろう？

本節の冒頭に記した街中の店頭ビラに見る「スポーシ」とか「ツート」という誤記も，その数値の中に入るものだ。「シ」と書こうとして，その第3画めを「ツ」と同じように上から下へ書いた学生を最近みかけた。「スポーシ」や「ツート」と記される源はここにあるのだろう，と思う。

第5章 表記法について

表6　日本語表記法改革略史

1934（昭9）12.	臨時国語調査会官制廃止, 国語審議会〔以下, 国語審〕官制公布
1946（昭21）11.	「<u>当用漢字表</u>」〔1850字〕内閣告示
1948（昭23）2.	「当用漢字別表」〔義務教育で教える881字〕と「当用漢字音訓表」〔音訓数3122〕告示
1949（昭24）4.	「当用漢字字体表」内閣告示
1950（昭25）9.	<u>文部省国語課「くぎり符号の使い方」</u>作成〔くぎり符号とは, 句読点や引用符, カッコなど〕
1951（昭26）5.	文部省「人名用漢字別表」〔92字〕内閣告示〔当用漢字表1850字に加えて使用可能の文字〕
1954（昭29）3.	第2期国語審「外来語表記法」報告。「将来, 当用漢字表を改定する際に削除, 追加する字」〔補正資料漢字28字〕を発表
1954（昭29）12.	「ローマ字のつづり方」内閣告示〔訓令式〕
1966（昭41）6.	文相が「国語施策の改善の具体策について」当用漢字表の改定など4点を諮問
1968（昭43）7.	小学校学習指導要領改定で「学年別漢字配当表」〔当用漢字別表881字に115字を加え, いわゆる<u>教育漢字</u>は計996字になる〕
1972（昭47）11.	第11期国語審発足。当用漢字表などの改善で審議開始
1973（昭48）6.	新「当用漢字音訓表」〔音訓数3938と当て字等106語を付表に掲載〕新「送り仮名の付け方」内閣告示〔1981（昭56）10. 一部改正〕
1974（昭49）11.	第11期国語審が「<u>新漢字表は当用漢字表のような制限的なものとはしない</u>」などと審議経過を報告

1975（昭50）		国際標準化機構(ISO)が日本字のローマ字表記にヘボン式〔標準式〕採用を表明
1976（昭51）7.		文部省が「人名用漢字追加表」〔28字〕内閣告示〔計1970字（1850と92と28）使用可能〕
1977（昭52）1.		第12期国語審が「新漢字表試案」〔1900字〕を発表
1979（昭54）3.		第13期国語審が「常用漢字表案」〔1926字〕を文相に中間答申
1981（昭56）3.		第14期国語審が「<u>常用漢字表</u>」〔1945字〕を最終答申。10月内閣告示〔当用漢字は法令・公用文書・新聞・雑誌・放送など一般生活での現代国語を書き表わすための「日常使用する漢字の<u>範囲</u>」を定め，科学・技術・芸術その他の各種専門分野や個人の表記を制限してはいなかったが，常用漢字はさらにその際の「漢字使用の<u>目安</u>」になることをねらった。事実上，制限を撤廃したと解釈できる。〕
1981（昭56）10.		法務省が戸籍法施行規則改正〔人名用漢字が文部省から法務省の所管に移る。2111字（1945と166）〕
1986（昭61）3.		第16期国語審が「<u>改定現代仮名遣い</u>」最終答申〔規制色を薄め，適用範囲を限定〕
1990（平2）3.		<u>戸籍法の人名用漢字，118字追加</u>〔計2229字（2111と118）使用可能〕
1998（平10）6.		第21期国語審が「<u>常用漢字表以外の漢字字体表の試案</u>」「<u>敬語を含む敬意表現の在り方</u>」を公表〔次期審が任期2年以内に字体表をまとめJIS規格や出版関係がそれを印刷標準字体として統一活字にするよう，またこの敬意表現のあり方を国民が標準とするよう，第21期は要望〕

第6章　句読法について

1. 手書きと印刷 ―― マス目のない原稿用紙

　本章では以下，句読法(punctuation)にのみ焦点をしぼって考察する。日本語の句読法の場合は，幽霊的存在・野放し状態の再確認にすぎないのだが，それほどまでに日本語の表記法は，句読法を規則として定めることができない性質を根本的に持っているのか？

　たとえば白紙への手書きの場合は，書く時の文のリズムに合わせて，意識するにしろしないにしろ，おのずとある程度の区あけ，つまり，一種の分かち書きがなされるだろう。あるいは，そうすることが可能だろう。原稿用紙のマス目に埋める意識で等間隔で書かない限りは。だから，句読法の真の問題はむしろ，その原稿用紙と同様に等間隔で記すことを建前とする印刷体にとって重要なものとなる。

　このことは，すぐこの後に見る，夏目漱石以下数名の作家の句読法との取組み方に，明瞭に表われている。そしてこの印刷体での句読法が確立していて，普遍性があるならば，先に述べた手書きの方にもそれが適用されるだろうし，適用が要請されるはずだ。

　リズムが生命の詩においては，句読法の使い方，字間行間の取り方，改行の仕方など細部に渡って注意が行き届く。演劇や映画の台本の執筆段階においては，句法の不正使用とか不当使用はあまり問題にならないだろう。実際に稽古に入った段階で，あるいは本番で，最終的な確定を要求されるはずのものだろうから。不当使用は，それが不当と言えるとしての話だが，小説の地の文に時々見られる。作者の注意で避けられるはずなのに。

2. くぎり符号 ―― なくてもいいけど

　1945(昭20)年わが国が戦争に負けたその後の諸改革のひとつである国語改革では，漢字仮名交じり文は戦前からの既定の事実として追認され，その正書法の一部として送り仮名の問題の方がしばしば論じられてきた。だが一方，句読法は議論の対象からはずされたままであった。別な見方をすれば，句読法は民間先導と

いってもよいだろう。

　今ここに「民間先導」と記したのは次のような事実を踏まえてのことである。『国語学大辞典』の「句読点」の項（p.238）には，1950［昭25］年9月に文部省国語課が作成した「くぎり符号の使い方」の概略が記されている〔本書p.126参照〕。くぎり符号とは，句読点や引用符，カッコなどをまとめた言い方だが，本書ではこれら一切をまとめて句読法と呼ぶことにする。さてその概略の中には，句読法については多方面から何通りも意見があるが，公用文での使用原則を定めたこの文部省国語課の「くぎり符号の使い方」はそのひとつの目安になるものだと注記してある。

　そして，『旺文社詳解国語辞典』の「付録　国語表記の基準」（四）「くぎり符号の使い方」（pp.1082－4）では，その『国語学大辞典』の記述に基づいて，さらに文部省が取り上げていないらしい符号をも加えて記している。

　上述のように，戦後間もなく文部省による句読法への関わりがあったのは事実だ。しかし，それだけで終わってしまい，一般の中に根づくルールとはならなかった。

　仮にそのルールに基づこうとしても，特に読点に関しては，わずかのルールで複雑極まりない全てを取り締まることはできない。一見明解な文末に打つ方の句点でさえも，そこにカギカッコがある場合は，たとえば，「行ってきました。」「行ってきました」という具合に，句点のあるなしのどちらにも表記することが可能だ。

　そもそも，江戸時代までは，句点と読点とを区別することもなく，そのどちらか一方だけをひとつの文章の中で使っていた。使い分けがなされるようになったのは，明治以降，欧米の表記法の影響を受けてからのことである。（山口明穂他『日本語の歴史』，p.199）

　斎賀秀夫によると，戦前の新聞の文章は句読点にはほとんど無関心で，寄稿記事はともかくも，記者の書く記事には句点は全く用いられず，文末に読点を置くだけというのが原則で，句点・読点が完全実施されるようになったのは戦後のこと，朝日新聞は1950年7月，毎日新聞が1951年1月，読売新聞が1953年1月からだという（斎賀秀夫「句読法」，p.264, 275）。この事実から言えることは，新聞紙面での句読法実施からやっと50年そこそこだ，ということだ。そして，いまだに社会全体に均一の句読法が行き渡ってはいない。

● 第6章　句読法について

3. 日本語の句読法の例 ── 使う効果使わない効果

　日本語の句読法に関して，私の目に入った具体例をほんのわずかだけ記す。ほんのわずかだが，この100年あまりの流れにおける日本語の句読法の歴史を過不足なく述べるには不十分でも，その変転をうかがうには十分と思われる資料が得られたと言えそうだ。

3－1. 夏目漱石の文章

　まずここでは，夏目漱石（1867［慶応3］－1916［大5］）の文章についてである。漱石の『坊つちやん』（1906［明39］）の原稿は，句点は1マス使うが，読点はマスを別にしないで，前の文字と同じマスの中に入れている。その印刷に際しては，雑誌『ホトトギス』に掲載の場合も，単行本初版の場合も，読点のために1字分を使わないで，ベタ組みの2文字の中間脇に読点を挟みこむ方式である。原稿での書き方の尊重である。読点のために1字分を使うようになるのは，大正6年の『漱石全集』からだ。以上のことをわれわれは，山下浩の著書『本文の生態学』の10,12－3, 15, 34－7の各ページの図版や解説などから知ることができる。

3－2. 樋口一葉の文章

　全4巻からなる『全集樋口一葉』（1996［平8］）のその第一巻『小説編一』の口絵には，樋口一葉（1872［明5］－96［明29］）の第一作『闇桜』（1892［明25］）の，冒頭部分の草稿がカラー写真で掲載されている。その原稿用紙は縦罫のみで，そこに句読点も段落替えもなく，毛筆の草書体で物語が流れるように展開されているだけである。

　同様に第二巻『小説編二』の口絵にも，『たけくらべ』第四章（1895［明28］）の草稿の一部がカラー写真で掲載されている。こちらの原稿用紙は，縦横の罫つまりマス目がある。一葉の千陰流の筆は，相変わらず崩してはいるが，1字を1マスに入れるように努め，かつ読点を1マスの中にきちんと入れている。これは，3年前に『闇桜』を書いた時の，筆と用紙とのいわば古典的な関係から抜け出て，編集者や印刷者を意識しての執筆とみてよいのではないか？　これら一葉の2著と，それから10年以上後の漱石の『坊つちやん』を比べただけでも，明治時代後

半の作家の執筆状況や出版印刷界の事情が分かると言えるのではないだろうか？

　なお，1979［昭54］年初版のこの『全集樋口一葉』は，現代の読者を意識して，編者の手で全作品に句読点や段落替えをほどこし，読みやすくしている。

　一葉の7作品を収録して，今から40年以上も前に出版された近代文庫版（1955［昭30］）は，段落末では句点，段落内では読点で統一されている。ただし，段落内でも会話の所では句点を使うことがあるが，読点との使い分けを厳密にしているようではない。なお，この版は上の『全集樋口一葉』とは違って，一段落が実に長々としている。

3－3. 柳田国男の文章

　柳田国男（1875［明8］－1962［昭37］）の『後狩詞記』（のちのかりことばめき）（1909［明42］；定本第二十七巻，pp.1－39）は，現代の普通の表記で読点を打つはずの所がすべて句点だが，第8ページめの中ほどには読点もある。

　(1)にその原文を掲げて，(2)に，句読点を今ふうに，私ふうにして記してみる：

　　(1)　椎葉（しいば）村は世間では奈須と云ふ方が通用する。（中略）椎葉と云ひ福良（ふくら）と云ふも今は其意味は分らぬけれども。九州其他の諸国に於て似たる地形に与えられたる共通の名称である。奈須以外の名字には椎葉である黒木である甲斐（かい）である、松岡、尾前（おさき，おまえ？）、中瀬（みぎた）、右田、山中、田原等である。（p.8）〔漢字は新字体にした。下線，ルビ，注記ともに引用者〕

　　(2)　椎葉村は世間では奈須と云ふ方が通用する。（中略）椎葉と云ひ福良と云ふも今は其意味は分らぬけれども、九州其他の諸国に於て似たる地形に与えられたる共通の名称である。奈須以外の名字には椎葉である黒木である甲斐である。松岡・尾前・中瀬・右田・山中・田原等である。

　3行めの「椎葉である黒木である甲斐である」の「黒木」と「甲斐」の直前の箇所に関しては，今は取り上げないことにする。原文で読点を打っている部分だけを問題にすればそれで十分だからである。

(1)の2行めは，句点ではなく読点を置くことで，後続の文に接続していることをはっきりさせる方が分かりやすいだろう。3行め「甲斐である」の次の読点は，(2)のように句点で一旦そこに終止を置く方が好ましいだろう。その次の「松岡」以後の5個の読点はそのままでもよいが，中グロ（・）でも済みそうだ。ともかくも，この原文で読点が出てくるのはこの6個だけで，他には句点が置かれている。この句点使用は上述のとおり日本の伝統に従った表記法であって，たとえば次の(3)の場合〔この作品の冒頭の部分〕がそれである：

(3)　阿蘇の男爵家に下野(シモノ)の狩の絵が六幅ある。近代の模写品で。武具や紋所に若干の誤謬(ごびゅう)が有るといふことではあるが。私が之を見て心を動かしたのは。(以下略)。(p.3)
〔片仮名ルビ引用書，平仮名ルビ引用者〕

それから2年後の『木地屋物語』(1911[明44])は，これも段落末のみが句点で，段落内では文末でも読点である(同，pp.388－95)。その例を少しだけ記す〔ルビ引用者〕：

(4)　況(いわん)や平地の人には珍しい生活の片端をも知らぬ者が多いであらう、茲(ここ)に私の知って居る限を話して見よう、冬の夜には似つかはしい物語である。(p.389)

2箇所に置かれた読点は，今なら，句点を置く所であろう。まぎれもない文末なのだから。ただ，読者には，少なくとも私には，先に見た『後狩詞記』のように全部が句点であるより，この『木地屋物語』の方が読みやすい。というより，何の抵抗感もなく先へ進むことができる。『後狩詞記』の方は読んでいても，つっかえつっかえという感じである。

3－4．谷崎潤一郎の文章

谷崎潤一郎(1886[明19]－1965[昭40])の『春琴抄』(初版1933[昭8])には，句点も読点もほとんど用いられていない。全集第十九巻(pp.201－58)では，見開き2ページの版面ごとに，ほんの数個ある程度だ。本書の第5章「4.日本語の表記法

に関するアンケート」で，日本語の句読法に関する私の問いに対して，学生Ｔ君は「確立していない。『春琴抄』を読んだところ全く句読点がなかったので。」という返答をよせてくれた。まことに全くない，と言いたくなるほど，句読点はわずかしかない。あるいは，Ｔ君の読んだ版本では，実際，全く句読点がなかった，のかもしれない。

3－5. 芥川龍之介の文章

先に紹介した山下浩の『本文の生態学』はまた，次のようなことをもわれわれに教えてくれる(pp.119-28)。芥川龍之介(1892[明25]－1927[昭2])は原稿執筆に際して，初期には句読点を一切打たず，そこを一マス空けたままにしておき，過渡期には句点の方は使いだしていて，後期には例外なく句読点を使用している。ただし，その句読点は前の文字と同じマスの中にいれ，その次のマスを空白のままにしている。

3－6. 宮沢賢治の文章

句読法について考える場合，宮沢賢治(1896[明29]－1933[昭8])の句読法の使い方はいろいろ興味深い資料を提供してくれるようである。ここでは，その中から，読点の極端に少ない場合を中心に，ほんの一部分だけを紹介しておこう。次は『風の又三郎』(1934[昭9])の一節である〔ルビ引用書〕：

(1) 「お早う。」とはっきり云ひました。みんなはいっしょにそっちをふり向きましたが一人も返事をしたものがありませんでした。それはみんなは先生にはいつでも
3 「お早うございます」といふやうに習ってゐたのでしたがお互に「お早う」なんて云ったことがなかったのに又三郎にさう云はれても一郎や嘉助(かすけ)はあんまりにはかで又勢がい､のでたうとう臆(おく)せてしまって一郎も嘉助も口の中でお早うといふかはりにもにゃ
6 もにゃっと云ってしまったのでした。ところが又三郎の方はべつだんそれを苦にする風もなく二三歩又前へ進むとじっと立ってそのまっ黒な眼でぐるっと運動場ぢゅうを見まはしました。(p.311)

● 第6章　句読法について

　この，読点のまるでない文には，とりわけ2行め後半から6行め前半へかけての長い文には，語り手宮沢賢治の何かが秘められているのだろうか？　引用最初の「お早う。」に句点が付いているのも，2行め以降との関係から見れば，不思議な気がする。同じ作品でも，別の所では次のように読点を多用している。対比してみよう：

　　(2)　みんなも何だかその男も又三郎も気の毒なやうな，をかしながらんとした気持ちになりながら，一人づつ木からはね下りて，河原に泳ぎついて，魚を手拭につつんだり，手にもったりして，家(うち)に帰りました。(p.344)

　引用したこの2例は，繰り返しになるが，その表現の仕方に何らかの仕掛けがありそうな気もするが，どうなのだろうか？　あるいは，ひょっとすると，作者は句点・読点のことなどには，まるで関心がないのかもしれない。ここではただ，両極端とも言える使用法の存在という事実を指摘し，さらに，この両者の類例は，まだ他にも見られる，ということを付け加えておくだけにする。いずれにしろ，この作品を読めば分かることだが，句読点のことなどまったく気にならないまま先へ進めるのである。

3－7.　川端康成の文章

　川端康成（1899［明32］－1972［昭47］）の『古都』(1961－2［昭36－7］)には，大いに気になる読点が見受けられる。連体形と名詞の間に読点を置くのである。半分は文末を装い，句点の代用をしていると見られなくもないような表現ではある。そのようなものは『千羽鶴』(1949－51［昭24－6］)にも多少見られたし，『山の音』(1949－54［昭24－9］)にもあったが，そこではほとんど気にならなかった。『古都』の例をいくつか上げる〔ルビ引用書〕：

　　(1)　かど口をはいったところ，かまどの手前に，古井戸がある。竹を組んだ，ふたがしてある。(p.43)
　　(2)　明治の「文明開化」のおもかげを，今に残すものの一つ，堀川を走る，北野線

の電車が，ついに取りはらわれることになった。(p.135)

　(3)　店の方から昼飯に立つらしい，けはいが聞えた。／千重子も約束の花見にゆく，身じまいの時が近づいていた。(p.10)

　(4)　千重子は母の色白で品のいい顔をうかがった。千重子に読み取れる，動きはなかった。(p.38)

　(5)　千重子は父につれられて，周山(しゅうざん)まで花見に行き，つくしをつんで帰った，思い出もある。(p.83)

　(6)　北山の方に，虹がいくどか立った，午後であった。(p.184)

　(7)　この二十(はたち)そこそこの芸者は，非常におもしろい，女なのかもしれぬ。(p.208)

これらの例のうち，(1)の読点はなくても，あるいは，ない方がリズムが整うかもしれない。(2)では「今に残すものの一つ」という直前の表現と同格で，それと合わせるための読点と見れば，さしつかえが無さそうな例とも思われる。(3)から後は，そこに休止があって，「そのような」とでも言うような心で前後を結んでいる，その読点のように思われる。

3－8.　中里恒子の文章

中里恒子(1909[明42]－87[昭62])の『時雨(しぐれ)の記』(単行本初版，1977[昭52]，文春文庫版初版，1981[昭56])には，ちょっと目立つ句読法が見られる。直接話法のカギカッコ内で，一切句点は使用せず，読点のみである。ほんの一例を記す。ここでは原文どおりの縦書き用の読点〔、〕をそのまま使うことにする：

　　その時、電話が鳴りました。
　　「夜分失礼いたします、運転手の前川でございます、旦那さまは、入院して、おしらべになるそうですが、心配しないようにと、おことづてでございます、」
　　「まあ、」
　　「明日、またお知らせいたします、」
　　多江は、ふらふらと、また庭へ出てゆきました。(pp.41－2)

また、この『時雨の記』の文庫本でほとんど20ページにわたる、外国へ所用で出かけた壬生〔上の引用文中の「旦那さま」〕から日本にいる多江への10通を越す手紙も、その文末は読点のみで、例外的に5箇所ほどに句点があるだけで、あるいは校正ミスかとでも思いたくなるような表記の仕方だ。先に本章「2.くぎり符号」で戦前の新聞記事は文末に読点を置いたということを紹介した。そのスタイルがここにもある。

3−9. 車谷長吉の文章

車谷長吉（1945［昭20］−）の『赤目四十八瀧心中未遂』（1998［平10］）でのカギカッコ〔引用符号〕と句読点の関係に興味ある使い方が見出される。

一般に直接話法の表記では、本章「2.くぎり符号」でも触れたことだが、引用のカギカッコ直前の文末には句点を置くこともあり、置かないこともある。だが、普通はそのどちらかに統一されているのではないだろうか？　車谷の文ではそれが混用されている〔ルビ引用書〕：

　　(1)　朝一番から麻雀屋や競輪場へ駆けつける運転手たちの心にも「どないなと、なるようになったらええが。」という飆風は、吹きすさんでいるであろうし、東京から姫路京都神戸西ノ宮を転んで、さらに行き所なくこのアマへ来た私の内にも、同じ風は吹いていた。(p.124)〔「飆風」とは「つむじ風のような激しく吹く風」、「アマ」は「尼崎」〕

　　(2)　「別に楽しみなんかいらんのです。」と言うたのも（p.125）

　　(3)　「あの男にも櫻ん坊を持って行ったれ」と言うたのは（p.151）

ただ、これら3例に共通しているのは、そこで文が完結していないで、引用句になっていることである。そこで完結して、改行している場合は、すべて句点を打っている。

さて、文ではなく、語句にカギカッコを付ける場合は句点を伴わないのが常であろうが、この作者には次のような例がある：

(4)　「いえ，あなたは蓮の花です。ええ人です。」／私はこの女を，はじめて「あなたは。」という第二人称で称んだ。(中略) 私は思わず「蓮の花。」と言うてしまった。(p.234)

　この(4)の「あなたは。」と「蓮の花。」の2箇所の句点は，語句というよりも，文のレベルでの発話ということで句点を付けたと解釈できればいいのだが，直前で表現した中の部分々々を取りだしてきているのだから，やはりそれは語句のレベルに句点をつけたと言うべきだろう。語句のレベルに句点をつけたと言うのが次の例である：

(5)　そういう「物の怪。」に取り憑かれた生活が（p.124）
(6)　滲み出てくる「底冷え。」があった。(p.234)

　店名「上海屋」(p.235)とか，作品名「白雪姫」(p.72)には句読点を伴わないで記しているのだから，上の(4)以降の例で句点をつけているのには，やはり，文表現に結びつく意識があるとみた方がよいのかもしれないが，むしろ，作者はそんなことに一切頓着していないのかもしれない。

　先に宮沢賢治について述べたことを繰り返すことになるのだが，車谷長吉の場合も，作者には句読点のことなど，まるで関心がないのかもしれない。場当たり的に処理しているだけのことかもしれない。樋口一葉の頃にはまだ使用されなかった句読点が，こちらではもはや，使用過剰あるいは無自覚使用と言える状況になっているのではないか？

　そして，川端康成と中里恒子の場合が，かなり意識した用法だとは言えるだろう。谷崎潤一郎の場合も，あれは文体への配慮の結果であったのだろう。

　以上，いくつかの作品を取り上げて，ざっと100年を越す日本語の句読点史の一断面に触れてみた。だがこれはあくまでも，行き当たりばったりの，のぞき見にすぎない。だから，途中で述べてきた感想も「日本語句読法史」とでもいう流れの中に当てはめてみれば，見当違いになっているかもしれない。しかし，その変転をうかがうにはこれで十分だろう。なお，作品鑑賞と作家作品研究は，当然

●第6章　句読法について

のことながら，別のことである。いつものことだが，一読者として作品そのものと向き合った感想を述べただけだ。

3－10.　句読法と語順

しめくくりとして，まず読点の打ち方を示唆する例をほんのわずかだけ記す：

(1)　花には毒があることがある。もっとも美しい花に必ず毒があるわけではない。
(1a)　花には毒があることがある。もっとも，美しい花に必ず毒があるわけではない。
(2)　もっとも有害だとみなされるのは次の二つだけだ。
(2a)　もっとも，有害だとみなされるのは次の二つだけだ。
(3)　それは，ただ今までの彼の生活が乱れていたからだ。
(3a)　それは，ただ，今までの彼の生活が乱れていたからだ。
(4)　一日中会社で仕事をするより効率の上がる方法を考えよう。
(4a)　一日中会社で仕事をする，より効率の上がる方法を考えよう。
(4b)　一日中会社で仕事をするより，効率の上がる方法を考えよう。

読点がそこにないけれども，書き手の頭の中ではここにそれがあるつもりか，などと読み手が想像するのは，散文の世界にはふさわしくないように思えるがどうだろう？　この点に関連して，夏目漱石『坊つちやん』(1906［明39］)で，坊つちやんが清からもらった長い手紙を読むのに苦労する話については拙著『コトバの原風景』ですでに触れておいた（pp.25－6）。下手糞な，ほとんど平仮名の，切れ目の分かりにくい文章だが，「一生懸命にかいたのだから，仕舞迄読んでくれ。」と清から懇願されているのだ。

さて読点もさることながら，文の組立てに配慮することも大切だ。修飾語は被修飾語に近いところに置くのがよい場合が多い。ここまでくると，もうすでに読点の打ち方よりも語順の問題に入りこんでいる。その例をほんのわずか記す：

(2b)　有害だとみなされるのは，もっとも，次の二つだけだ。
(3b)　それは，今までの彼の生活が，ただ，乱れていたからだ。

(4c) より効率の上がる，一日中会社で仕事をする方法を考えよう。
(4d) より効率の上がる，一日中仕事をする方法を会社で考えよう。
(4e) 会社で仕事するより効率の上がる方法を一日中考えよう。
(5) 一番最近気になるのは，(…)。
(5a) 最近一番気になるのは，(…)。
(6) 私は「………………。」と思う。
(6a) 「………………。」と私は思う。

最後の(6)のパターンで悪い例としてよく引き合いに出されるのが，『日本国憲法』の第一章に先行する四つの段落からなる文章，いわゆる前文である。第1・2段落は長文だがまだましだ。第4段落は短い。その第3段落は確かに悪文だ。次のとおりだ：

> われらは，いずれの国家も，自国のことのみに専念して他国を無視してはならないのであつて，政治道徳の法則は，普遍的なものであり，この法則に従ふことは，自国の主権を維持し，他国と対等関係に立たうとする各国の責務であると信ずる。

虚心に読み始まって胸裏に波風立たずに最後まで読み通す力のある人は少ないだろう。多分，いらいらするだろう。そして，冒頭の「われらは」が末尾の「信ずる」と呼応していることを知って安心できればまだしも，そこへたどり着くまでの道中の長さに疲れ果てて，「信ずるのは誰だ？」などと叫びたくなる方が普通かもしれない。

これら諸例のかかえる問題は，第4章「6.曖昧文から破格構文へ」の用例と共通する。

4. 句読法の活用 ── 憤慨符もある

以上，日本語の句読法のいろいろについて見てきたが，次には，その句読法を含む表記法に関して興味ある事例をほんの少々記しておく。そこには，表記法というものへの示唆があるかもしれない。日本語の表記法には，まだまだ工夫の余地

●第6章　句読法について

があるかもしれない。

4 − 1.　句読点を使わない文章

　次に掲げるのは, 先にも引用したマルグリット・デュラスの, 今度は『モデラート・カンタービレ』(1958)から。引用3行目から8行目までの台詞は, その末尾にピリオドが打たれている以外, 一切句読点がない。これ以前の, 数ページにわたる相手との対話では普通に句読点を使用して記されているが, この部分だけ句読点がない〔下線引用者〕：

　　　— Dépêchez-vous de parler. Inventez.

　　　Elle fit un effort, parla presque haut dans le café encore désert.

3　　— Ce qu'il faudrait c'est habiter une ville sans arbres les arbres crient lorsqu'il y a du vent ici il y en a toujours toujours à l'exception de deux jours par an à votre place voyez-vous je m'en irai d'ici je n'y resterai pas tous les oiseaux ou
6　　presque sont des oiseaux de mer qu'on trouve crevés après les orages et quand l'orage cesse que les arbres ne crient plus on les entend crier eux sur la plage comme des égorgés ça empêche les enfants de dormir non moi je m'en ira<u>i.</u>
9　　Elle s'arrêta, les yeux encore fermés par la peur. Il la regarda avec une grande attention.

　　　　　　　　　　　　　　(Marguerite DURAS, *Moderato Cantabile*, pp.79-80)

　この長台詞を語るのは, 作品の女主人公アンヌ・デバレード。その話している相手は, あるいは, アンヌに話すように頼むのは, このカフェで知り合ってすでに時はたっているが, つい先ほど名乗り上げたばかりの男ショーヴァン。彼はアンヌの夫の経営する溶鉱所を辞めて, 今は無職だ。アンヌは自分の子供がピアノのレッスンを受けている間はこのカフェで時間を潰す。ショーヴァンがアンヌの屋敷を話題にするのは, もちろん彼女の生活への興味からだが, 彼女の方は今の日常から抜け出したがっている。

　だから, 彼女の方はその類の話題を避けようとするのだ。しかし彼の方は彼女

に何かをしゃべらせようとする。だから「すぐ話して。話題を作ってでも話して(Dépêchez-vous de parler. Inventez.)」と哀願する。そこで「彼女は努めて話す(Elle fit un effort, parla)」のだが，その声が「高い調子になりがち(presque haut)」なのは，自己の存在を拒否する心があるからではないか？　しかも，常連の工員たちは今は就業中で，それゆえカフェは「まだ人気がない(encore désert)」のだ。

　彼女の，常とは異なる，うわずった心理から出てきて，カフェの広い静かな空間に響く《声》を描写するために，この句読点排除の表記法が採用されたのではないか？

　「彼女が語るのを止めた(Elle s'arrêta)」時「恐怖のせいで相変わらず眼を閉じていた(les yeux encore fermés par la peur)」と記してあるが，それは，この引用に先立つ対話で，この古い建物の歴史の中で生を送った多くの女性たちの苦しみは，今の自分の苦しみと同じだったと思える，と恐れおののいていることを指している。

　さて，上記原文の日本語訳は次のとおり。上で長々とフランス語文を引用し，長々と状況説明をしてきたのは，下に日本語訳を引きたかったからでもある：

　「急いで話してください。何か考え出して」
　彼女は努力して，まだ人気（ひとけ）もないカフェの中で声をはり上げるように話した。
　「樹のない町に住まなきゃだめね　風があると樹の音がするでしょう　しかもこの町じゃ年じゅう風が吹いていて　風のない日といえば一年に二日ぐらいしかありゃしない　わたしがあなたの立場だったらこの町から出て行くわ　こんなところにいやしない　鳥といえば　ほとんど海鳥ばかりで　嵐の後にはよく屍体がころがっている　嵐が止んでようやく樹の音がしなくなったと思えば　こんどは鳥が浜辺でのどを締められたみたいな鳴き声を出して子供が寝ることもできやしない　わたしなら　こんなところから出て行くわ」
　彼女は中止した，恐怖のために相変わらず眼を閉じたまま。彼は多大な注意を払って彼女を見つめた。
　　　　　　（田中倫郎訳『モデラート・カンタービレ』，pp.72 － 3，ルビ引用書）

　句読点のない原文に対して，日本語訳も句読点を用いないが，その分，1字空け

の方法を採用している。もしこれをベタに組んだら次のようになるだろう：

「樹のない町に住まなきゃだめね風があると樹の音がするでしょうしかもこの町じゃ年じゅう風が吹いていて風のない日といえば一年に二日ぐらいしかありゃしないわたしがあなたの立場だったらこの町から出て行くわこんなところにいやしない鳥といえばほとんど海鳥ばかりで嵐の後にはよく屍体がころがっている嵐が止んでようやく樹の音がしなくなったと思えばこんどは鳥が浜辺でのどを締められたみたいな鳴き声を出して子供が寝ることもできやしないわたしならこんなところから出て行くわ」

これは読みにくい。フランス語のように，分かち書きをしての，句読点の無使用に比べ，日本語の場合には，漢字仮名交じりとは言いながらも，分かち書きをしないで，かつ句読点を使用しない文表記は，いかに読み取りにくいかが十分に納得できる例になっている，と言えるのではないか？

先に記したアンケートの，日本語に句読法が確立されていない理由に関係することだが，「確立はしていなくても句読点を使用しないではいられない現実」をここにわれわれは見てとることになるだろう。むしろ，句読点が使用されていなくても，原文のフランス語の方が読み取り度において優れていることは確かだ。それは分かち書きのせいだろう。

分かち書きは句読法の代りにもなれる，句読法は分かち書きの代りにもなれる，ということがここでは確認できた。

4 — 2. 疑問符と感嘆符と憤慨符

いろいろな言語の文表現を見てゆけば，様々な句読法の使用例を見出すことができるだろう。たとえば，中国語の表記法では，読点としてはいわゆるカンマ〈,〉を用いるが，語を列挙する場合には日本語の縦書きの時の読点〈、〉を用いる。またたとえば，スペイン語の表記法では，疑問文 (*oración interrogativa*, interrogative sentence) や感嘆文 (*oración exclamativa*, exclamatory sentence) の冒頭に，倒置した疑問符 (*signos de interrogación*, question mark) や感嘆符 (*signos de exclamación*, exclamation mark) を置く。¿...? とか ¡...! というふうにだ。

そして，フランスの作家レーモン・クノー(Raymond Q㎜ENEAU, 1903-76)は，この
スペイン語の倒置した感嘆符をフランス語の中に借用して次の(1)のようなこと
を言う：

(1)　— Oh ¡¡ (¡¡ c'est le point d'indignation). (Raymond QUENEAU, Le chiendent, p.352)
　　「おお¡¡（¡¡これは憤慨符だ。）」

　多分まだ誰も使ったことのない，新しい句読法の「憤慨符」なるものを自分は
発明したぞ，と言っているのだ。これは，たとえば，☆や♥や♪など種々の記号
類を手書きふうにあえて崩して，文字パターンやイラスト文字などの中で使用し
たり，いろいろな符号の類を組み合わせていわゆる顔文字を描いたりする，最近
の若い人たちの文章作成法と同じ次元での振舞い方だろう。その先駆けと言って
いいのかもしれない。

　さて次に，疑問符があるからその文は疑問文だ，感嘆符がついているから感嘆
文だと言うだけではおさまらない用法がある。疑問符が命令文と併用されたり，
感嘆符が疑問文と併用される例は時に見られることである：

(2)　RAGUENEAU : Vous désirez, petits?
　　PREMIER ENFANT : Trois pâtés.
　　RAGUENEAU, *les servant* : Là, bien roux... Et bien chauds.
　　DEUXIÈME ENFANT : S'il vous plaît, enveloppez-les-nous? (Edmond ROSTAND,
　　Cyrano de Bergerac, p.104)「ラグノオ：おい小僧，何が欲しいんだい！／第一の子供：
　　パテを三つおくれ。／ラグノオ（それを渡して）：そらよ，こんがり焼けて……暖(あった)けえ
　　んだ。／第二の子供：後生だから袋に入れておくれよ。」(辰野隆・鈴木信太郎共訳『シ
　　ラノ・ド・ベルジュラック』，p.50)

(3)　Dites-moi que vous n'y pensez plus? Répondez-moi? (Jacques CHARDONNE,
　　L'épithalame, p.53)「もうそんなこと考えないと言ってね？　ねえ？」

(4)　Et vous, André? dit-elle, soudain. Parlez-moi de vous? (*Id.*, p.338)「ねえ，アンド
　　レ？」と彼女は突然言いだした。「あなたのこと話してね？」

(5) Ne le saviez-vous pas! dit-il avec exaltation. Mais, rappelez-vous? (*Id.*,p.390).「そのことを知らなかったですって!」と彼は興奮して言った。「とにかく思いだしてね？」

　(2)以降(5)までみな，命令文の語法での表現ながら疑問符が記されている。

　(2)のエドモン・ロスタン(1868 − 1918)の名作(1897)では，子供が大人に依頼するのだから，文型は命令文でも，その心は相手の意向を聞いているのだ。うかがっているのだ。

　(3)から(5)はジャック・シャルドンヌ(1884 − 1968)の『祝婚歌』(1921) からの引例。これ以外の彼の作品に類似の用法はなさそうだ。ここでも，相手の意向を聞いているのだ。命令しているのではない。

　(5)には，さらに，疑問文の姿をして感嘆符がつけられている文もある。実は，疑問文と感嘆文の境界はすっきりと分けられはしない。反語表現の存在がそれを雄弁に物語っている。ここも，「知らなかったんですか？」から「そんなことないでしょう！」までを表現しているのだ。

　そして，何よりも大切なことは，これら疑問符や感嘆符の記入は，その表現の，発話の，イントネーションを示していることだ。疑問符を置いたということは，そこが多くは上昇調で，全体的にみれば，疑問調で語られたことを示し，感嘆符を添付したということは，そこが多くは下降調で，全体的にみれば，感嘆調で語られたことを示している。

　それは，Tu sors.「君は出かける。」という表現に対するTu sors？「出かける？」やTu sors！「出かける！」の場合と同じである。

おわりに

　ご覧のとおり，本書は，教室での学生との実践をきっかけに生まれたとも言えよう。私の言語学関係の講義を聞き，そして，私のアンケートに協力してくれた三つの大学の学生諸君〔アンケート実施順に，中央大学文学部，津田塾大学学芸学部，千葉商科大学商経学部〕にここであらためて感謝の気持ちを申し述べたい。

　身辺にあふれているコトバの観察・直視が《コトバの不思議》に興味を抱く最大の近道である，と私はつねに学生に言っている。人にとって母語の習得が最初の最大の言語的体験であるとするなら，日常の言語生活の精察が最初の最大の言語学的体験である，と私は考える。つねに話題は周辺にある。

　もちろん，日常の言語生活では，ほとんど無意識に，反省を伴わずにコトバを使用するのが常だから，「観察しろ」と言われても，学生は最初はとまどう。だが，少し慣れれば，具体例を，身辺のコトバ状況の観察結果を報告できるようになる。今まで発信だけしていたのが，身辺の精察で，つまりは受信することで，大きく成長できる。

　ここに一書にまとめたことで，教室や研究室という狭い空間から，今やコトバたちは広い彼方に飛び出した，と言えるだろう。

　　〈海へ出て木枯帰るところなし〉　　　誓　子

　山口誓子(1901［明34］－94［平6］)のこの句の奥深さには限りない魅力がある。さてところで，コトバは，出て，そして，どこへ帰るのだろう。

　なお，本書のために，編集部の古谷洋，和田賢一両氏から多大のお力添えをいただきました。記して謝意を表します。

2000年12月2日

戸村幸一

引用参考文献

『伊勢物語』，日本古典文学大系9，岩波書店，1957．(《*Contes d'Ise*》traduit par Renondeau(G.)，Gallimard，1969．)
伊藤英俊『漢字文化とコンピュータ』，中公ＰＣ新書，1996．
井上ひさし『下駄の上の卵』，岩波書店，1980．
今西錦司『自然学の提唱』，今西錦司全集13，講談社，1993．
『岩波第四版』〔『岩波国語辞典(第四版)』〕，岩波書店，1986．
梅棹忠夫『モゴール族探検記』，岩波新書，1956；「情報時代と日本語のローマ字化」，『朝日新聞』，1995.1.4．
江藤淳「ワープロと国語政策，転機に来た戦後の漢字・仮名遣い制限」，『朝日新聞』，1993.3.18．
『大阪ことば辞典』，講談社，1984．
『旺文社』〔『旺文社詳解国語辞典』〕，旺文社，1985．
尾崎左永子「たおやかな息づかい」，『日本語学』，1989年6月号．
『学研』〔『学研国語大辞典』〕，学習研究社，1978．
『学術用語集 言語学編』，日本学術振興会，1997．
梶井基次郎『橡の花』，新潮文庫(『檸檬』所収)，1967．
『上方語源辞典』，東京堂出版，1965．
川端康成『古都』，新潮文庫，1987．
『擬音語擬態語辞典』，東京堂出版，1996．
金田一春彦『ことばの歳時記』，新潮文庫，1973；『日本語』新版(下)，岩波新書，1988．
車谷長吉『赤目四十八瀧心中未遂』，文芸春秋，1998．
『言語学大辞典』，第6巻『術語編』，三省堂，1996．
『言泉』〔『国語大辞典言泉』〕，小学館，1986．
『現代言語学辞典』，成美堂，1988．
小泉保『日本語の正書法』，大修館書店，1978；「句読法概説」，『日本語学』，1989年6月号．
『広辞苑第五版』〔『広辞苑(第五版)』〕，岩波書店，1998．
河野六郎・西田龍雄『文字贔屓 文字のエッセンスをめぐる3つの対話』，三省堂，1995．
『国語学大辞典』，東京堂出版，1980．
小林一仁「中学校での常用漢字学習の課題」，『日本語学』，1998年4月号．
斎賀秀夫「句読法」，『続日本文法講座2 表記編』，明治書院，1958．

里見弴『多情仏心』，現代日本文学全集25，筑摩書房，1956.
『辞海』，三省堂，1954.
志賀直哉『暗夜行路』(後編)，岩波文庫，1962.
柴田翔『贈る言葉』，新潮文庫，1986.
白州正子『風姿抄』，世界文化社，1994.
『新潮国語』〔『新潮国語辞典』〕，新潮社，1965.
『新明解第四版』〔『新明解国語辞典(第四版)』〕，三省堂，1997.
鈴木孝夫『日本語と外国語』，岩波新書，1990.
『世界のことば100語辞典　アジア編』，三省堂，1999.
『大辞林第二版』〔『大辞林(第二版)』〕，三省堂，1995.
田中春美他『言語学演習』，大修館書店，1990.
谷崎潤一郎『春琴抄』，谷崎潤一郎全集十九，中央公論社，1958.
玉村文郎「語形」，『講座日本語と日本語教育』，vol.6，明治書院，1989.
俵万智『チョコレート革命』，河出書房新社，1997.
『使い方の分かる類語例解辞典』，小学館，1994.
戸村幸一『コトバの原風景』，駿河台出版社，1995；「語・文と《音・綴・義》」，『千葉商大紀要』，第36巻第3号，1998；「言語表記に関する若干の考察」，同，第36巻第4号，1999；「語形成に関する若干の考察」，同，第37巻第2号，1999.
中里恒子『時雨の記』，文春文庫，1981.
中田祝夫「片カナの筆順と世代の断絶」，『朝日新聞』，1971.12.6.
中野孝次『麦熟るる日に』，河出文庫，1982.
夏目漱石『坊つちゃん』，夏目漱石全集第三巻，岩波書店，1956.
『日本国語』〔『日本国語大辞典』〕，全二十巻，小学館，1972-6.
『日本語方言辞書』，東京堂出版，1996.
丹羽基二『日本の苗字　表記編』，日本経済新聞社，1978.
『能・狂言事典』，平凡社，1987.
林芙美子『浮雲』，新潮文庫，1968.
樋口一葉『にごりえ・たけくらべ』，近代文庫，1955；『全集樋口一葉』，全四巻，小学館，初版，1979，復刻版，1996.
深田久弥『我が山山』，中公文庫，1980.
堀内・井上編『日本唱歌集』，岩波文庫，1988.
丸谷才一『たった一人の反乱』(上)，講談社文庫，1982.
水村美苗『私小説 from left to right』，新潮社，1995.
宮沢賢治『風の又三郎』，宮沢賢治全集7，ちくま文庫，1985.
『明解復刻版』〔『明解国語辞典(復刻版)』〕，三省堂，1997.
柳田国男『後狩詞記』『木地屋物語』，定本柳田国男集第二十七巻，筑摩書房，1970.
『山あるきのための山名・用語事典』，山と渓谷社，1998.
山口明穂他『日本語の歴史』，東京大学出版会，1997.
山下浩『本文の生態学』，日本エディタースクール出版部，1993.

● 引用参考文献

依田義賢『溝口健二の人と芸術』，映画芸術社，1964.
『類語国語辞典』，角川書店，1991.
BALLY (Charles), *Linguistique générale et linguistique française*, Paris, 1932. （小林英夫訳『一般言語学とフランス言語学』，岩波書店，1965.）
CERVANTES SAAVEDRA (Miguel de), *El ingenioso caballero Don Quijote de la Mancha* (1615), Aliana Editorial 1984. （会田由訳『セルバンテスII』，世界古典文学全集40，筑摩書房，1965.）
CHARDONNE (Jacques), *L'épithalame*, Albin Michel, 1951.
CRESSOT(Marcel), *Le style et ses techniques*, PUF, 1959.
CRIADO DE VAL (M), *Fisonomía del Español y de las Lenguas Modernas*, Editorial S.A. E.T.A., 1972.
Dictionnaire de la langue française du XVIe siècle, Champion, 1925-67.
Dictionnaire de linguistique, Larousse, 1973. （『ラルース言語学用語辞典』，大修館書店，1980.）
Dictionnaire français-espagnol espagnol-français, Larousse, Collection Saturne, 1967.
DURAS (Marguerite), *Moderato Cantabile*, Les Editions de Minuit, 1958. （田中倫郎訳『モデラート・カンタービレ』，河出書房新社，1977.）; *L'Amante anglaise*, Gallimard, 1967.
GLEASON (H.A.Jr.), *An Introduction to Descriptive Linguistics*, 1955. （竹林滋・横山一郎訳『記述言語学』，大修館書店，1970.）
Grand Larousse de la langue française, 7 vols, Larousse, 1972.
Le Nouveau Petit Larousse, Larousse, 1995.
Le Petit Larousse, Larousse, 1993.
MAUPASSANT (Guy de), *L'épave*, Pléiade, contes et nouvelles, II, Gallimard, 1979.
PEDERSEN (H.), *Linguistic Science in the Nineteenth Century*, 1924. （伊藤只正訳『言語学史』，こびあん書房，1962.）
QUNEAU (Raymond), *Le chiendent,*
ROSTAND (Edmond), *Cyrano de Bergerac*, Gallimard, 1983. （辰野隆・鈴木信太郎共訳『シラノ・ド・ベルジュラック』，白水社，1951.）
VINCENT (Gabriel), et DUVIOLS (Jean-Paul), *Grammaire espagnole*, Bordas, 1985.
YULE (G.), *The Study of Language*, Cambridge University Press, 1985. （今井邦彦・中島平三訳『現代言語学20章―― ことばの科学 ―― 』，大修館書店，1987.）

索引

あ 行

曖昧語法　68
曖昧文　69, 71, 86, 88
アクセント　55
アスペクト　16
異音異綴同義語(abC)　54, 55
異音同綴異義語(aBc)　54, 63, 67
異音同綴同義語(aBC)　54, 65, 67
意義　47
一次結合　31, 32
意味　47
意味論　45, 53
意訳借用　119
イントネーション　55, 75
エリジオン　68
送り仮名　63, 112
オノマトペ　18
音　47, 53
音韻論　53
音声学　53
音訳借用　119

か 行

漢字仮名交じり文　63, 96, 101, 121
簡体字　94
感嘆符　142

義　53
疑問符　142
脚韻　25
共時的　35
許容字体　105
くぎり符号　126, 128
句読法　106, 109, 114, 128, 129
形態論　45, 53
軽蔑辞　10
言語純正主義者　10, 27, 82
現代仮名遣い　103, 112, 113
公用言語　94, 95, 103
国語国字問題　97
国語政策　98
語形成　14, 29, 53
戸籍表記　105

さ 行

字　47
指小辞　10
指大辞　10
字母　93
社会方言　78
借用語　14, 119, 121
冗語法　27
常用漢字表　51, 64, 94, 103, 104, 112, 127

149

● 索 引

女性名詞　28
新語　28
人名漢字　104, 112
人名用漢字別表　104, 126
正書法　95, 102, 106, 110, 115
接頭辞　11
接尾辞　9, 10

た 行

多義構文　81
多義性　68, 69
単一語，単純語　33, 36
男性名詞　28
地域方言　66, 78, 80
超分節音素　55
通時的　18, 35
綴り　47
綴　53
点字　108
頭韻法　24
同音異義語　49, 63
同音異綴異義語(Abc)　54, 60, 68, 100
同音異綴異義文(Abc)　54, 87
同音異綴語　49
同音異綴同義語(AbC)　54, 64
同音同綴異義語(ABc)　54, 56, 63
同音同綴異義文(ABc)　69, 71, 76, 81, 86, 87
同語反復　26
統語法　23, 69
当用漢字表　103, 126

な 行

日本語表記法　96
日本語表記法改革略史　126

は 行

破格構文　88
派生語　38
発話時　75
反義語　60
ハングル　56, 62, 99, 107
繁体字　94
反復　14
表音文字　51
表記　53, 93
拼音　99, 119
品詞　14, 45
複合語　31
複合名詞　31, 37
憤慨符　143
母音交替　38
母語　9, 31
母語話者　9, 11, 14, 31, 95

ま・や・ら・わ 行

名詞　39
文字　47
文字論　52
余剰性　27
読み取り易さ　108, 119
ラ抜きコトバ　87
リエゾン　67
類義語　54
歴史的仮名遣い　112, 113
連辞　57, 67
連濁　38
ローマ字表記　99, 107, 121
ロマンス諸語　13
分かち書き　106, 107, 113

戸村 幸一(TOMURA Koichi)

1937年 仙台に生まれる。
1967年 中央大学大学院文学研究科博士課程修了。
専　攻　　言語学。
現　在　　千葉商科大学教授。
著書・訳書・論文　『コトバの原風景』(駿河台出版社，1995年)，『フランス語文法基礎コース』(共著，駿河台出版社，1986年)，デュボワ他著『ラルース言語学用語辞典』(共編訳，大修館書店，1980年)，「拡張言語の一面」(『千葉商大紀要』，1983年)，「外来語と借用語」(『千葉商大紀要』，1987年)，ほか。

コトバ ―音と文字の間

平成13年4月2日　　　初版発行
著　者　　戸村幸一
発行/発売　　株式会社創英社/三省堂書店
〒101-0051　東京都千代田区神田神保町1-1
　　　　　　電話：03-3291-2295
印刷/製本　　ワタナベ印刷株式会社

(C)Tomura Koichi,2001　　　Printed in Japan
ISBN4-88142-215-4　C3080